民族之魂

待人尚礼

陈志宏◎编著

延边大学出版社

图书在版编目（CIP）数据

待人尚礼 / 陈志宏编著 . -- 延吉：延边大学出版社 , 2018.4（2023.3 重印）
（民族之魂 / 姜永凯主编）
ISBN 978-7-5688-4538-0

Ⅰ . ①待… Ⅱ . ①陈… Ⅲ . ①品德教育—中国—青少年读物 Ⅳ . ① D432.62

中国版本图书馆 CIP 数据核字（2018）第 070154 号

待人尚礼

_____

编　　　著：陈志宏
丛 书 主 编：姜永凯
责 任 编 辑：孙淑芹
封 面 设 计：映像视觉
出 版 发 行：延边大学出版社
社　　　址：吉林省延吉市公园路 977 号　　　邮编：133002
网　　　址：http://www.ydcbs.com　E-mail：ydcbs@ydcbs.com
电　　　话：0433-2732435　　　传真：0433-2732434
发行部电话：0433-2732442　　　传真：0433-2733056
印　　　刷：三河市同力彩印有限公司
开　　　本：640×920 毫米　　　1/16
印　　　张：8　　　字数：90 千字
版　　　次：2018 年 4 月第 1 版
印　　　次：2023 年 3 月第 2 次印刷
ISBN 978-7-5688-4538-0

_____

定价：38.00 元

人有灵魂，国有国魂；一个民族，也有民族魂。

鲁迅先生曾经说过："唯有民魂是值得宝贵的，唯有他发扬起来，中国才有真进步。"

鲁迅先生以笔代戈，战斗一生，曾被誉为"民族魂"。

民族魂，顾名思义，就是一个民族的灵魂！民族魂，是一个民族的精髓，体现了一种民族的精神，是一个民族生存和存在的精神支柱。

什么是中华民族的民族魂？那就是中华民族精神！它是中华民族凝聚力的理念核心，是中华文明传承的基因。它包含热烈而坚定的爱国情感，对生活的美好愿望和追求，为目标努力奋斗的拼搏毅力，为正义事业不惜牺牲自己的精神，以及正确的人生观和价值观。

前 言

翻开浩瀚的中国历史长卷，我们可以看到数不胜数的，体现民族精神和民族魂的英雄人物和可歌可泣的感人故事。

民族魂，不仅体现在爱国主义精神和行动中，而且体现在各个领域自强不息的民族奋斗中。而中华民族精神的力量，更是深深植根于延绵几千年的传统文化之中，始终是维系中华各族人民共同生活的纽带，是支撑中华民族生存和发展的精神支柱，是不断推动中华民族前进的强大动力。

民族魂体现在"重大义，轻生死"的生死观中；民族魂体现在"国家兴亡，匹夫有责"的使命感中；民族魂体现在"我以我血荐轩辕"的大无畏精神中；民族魂

体现在将国家利益置于最高的爱国情怀中！

纵观中华五千年文明史，曾经有多少杰出的政治家、军事家、思想家、文学家、科学家、艺术家；曾经有多少忧国忧民、鞠躬尽瘁的仁人志士；曾经有多少抗击外敌、英勇献身的民族英雄。他们或顺应历史潮流，积极改革弊政，励精图治，治国安邦，施利于民；或为人类进步而不断进行着农业、工业、科技、社会等各种创新；或开发和改造河山，不断创造着灿烂的中华文明；或英勇反击外来侵略，捍卫着国家主权和民族尊严；或坚决反对民族分裂，维护国家的统一……他们从不同的侧面，体现了中华民族的民族魂，谱写了几千年中华文明的壮丽诗篇，铸造了中华民族高尚而坚不可摧的"民族之魂"。

民族魂，就是爱国魂。从屈原在汨罗江边高唱的《离骚》，到文天祥大义凛然赴死前的"人生自古谁无死，留取丹心照汗青"的诗句；从岳飞的岳家军抗击入侵金兵，到郑成功收复台湾；从血雨腥风的鸦片战争，到硝烟弥漫的十四年抗战，再到抗美援朝的隆隆炮声……哪个为国捐躯的英雄不是可歌可泣的？

民族魂，就是奋斗魂。从勾践卧薪尝胆，到司马迁秉笔直书巨著《史记》；从鉴真东渡传播佛法终在第六次成功，到詹天佑自力更生建铁路；从袁隆平百次实验成为"水稻之父"，到屠呦呦的青蒿素获得诺贝尔奖……哪个不是历经艰难，最终取得成功？

民族魂，就是改革献身魂。从管仲改革到商鞅变法；从王安石变法到百日维新……哪次变法图强不是要冲破旧势力的阻挠，或流血牺牲？

民族魂，就是创新魂。古有毕昇发明活字印刷，今有王选计算机照排；古有指南针、造纸术、火药、浑天仪、地动仪的发明，今有神舟号的相继飞天……哪个不是中华民族的智慧结晶？

自古以来，多少仁人志士为了维护人格的尊严和民族气节，以生命为代价！留下了"玉可碎不可污其白，竹可断不可毁其节"的称颂；有多少英雄豪杰，为理想和事业奋斗，面对死亡的威胁，大义凛然；有多少爱国壮士面对侵犯祖国的列强，挺身而出而献出生命。

伟大的中华民族孕育了五千年的辉煌，五千年的历史留下了璀璨的中华文明。

前 言

中国人的血脉流淌着顽强不屈的精神！我们的先辈用血汗和生命铸就了不朽的中华民族魂！换得如今中华大地的一片祥和安宁，换得我们现在的幸福生活。如今，我们要实现习近平主席提出的中国梦，依然需要我们秉承祖辈留下的这种"民族魂"。

青少年是国家的希望，亦是民族的未来。因此，爱国主义教育和励志图强教育要从青少年开始。为了增强对青少年的民族精魂和志向教育，我们精心编写了本套丛书——《民族之魂》丛书。

本套丛书将我国有史以来体现民族精神和民族魂的典型事迹，以通俗易懂的语言故事形式展现出来，适合青少年的阅读水平和欣赏角度。书中提供的人物和事件等故事，涉及社会的各个方面，有利于青少年学习和理

解，使读者能全方位地领悟中华民族精神。

为了帮助读者更好地理解和吸收故事的精神，编者在每篇故事后还给出了"心灵感悟"，旨在使故事更能贴近现实社会，让读者结合自身的需要学习领会，引发读者更深入的思考。

希望读者们可以从本套图书中获得教益，通过阅读，真正体会到中华民族之魂所在，同时能汲取其精华，不断提升自己各方面的素质和品格，为祖国新时代的建设和发展做出努力。

全套丛书分类编排，内容详尽，风格独具，是广大读者尤其是青少年爱国励志教育的优秀阅读材料。相信本套丛书一定可以成为青少年朋友的良师益友。

礼仪是人与人的交往中重要的组成部分。礼仪是一种艺术，是人与人之间沟通的桥梁，是人际关系中必须遵守的一种习惯形式。礼仪对于我们来说，更多的时候是体现一个人的教养和品位。

中国自古就是礼仪之邦，中国古代的"礼"和"仪"是两个概念。"礼"是制度、规则和一种社会意识观念；"仪"是"礼"的具体表现形式，它是依据"礼"的规定和内容，形成的一套系统而完整的程序。"仪"所涉及的范围十分广泛，几乎渗透了古代社会的各个方面，包括礼仪礼节、尊老敬贤、仪尚适宜、礼貌待人、仪容齐整等。孔子说："君子不重则不威，学则不固。"（《论语·学而》）这是因为，只有庄重才有威严，否则即使学习了，也不能巩固。在公众场合举止不可轻浮，不可亵慢，应该庄重、谨慎而从容，做到"非礼勿视，非礼勿听，非礼勿言，非礼勿动"（《论语·颜渊》），处处合乎礼仪规范。古代思想家曾经拿禽兽的皮毛与人的仪表仪态相比较，禽兽没有了皮毛，就不能为禽兽；人失去仪礼，也就不能成为人了。《弟子规》要求："冠必正，纽必结。袜与履，俱紧切。"这些规范，对现代人来说仍是必要的。帽正纽结，鞋袜紧切，是仪表外观的基本要求。如果一个人衣冠不整，鞋袜不正，往往会给人留下不好的印象。

　　古代的礼仪是当时统治者为了统治的需要和社会规范，从宗族制度、贵贱等级关系中衍生出来的，因而带有一定的时代特点及局限性。时至今日，现代礼仪与古代礼仪已有很大差别，我们需要舍弃那些旧时代的礼仪规范，选取对今天仍有积极进步、普遍意义的传统文明礼仪加以承传。这对于培养良好的个人素质，协调和谐的人际关系，塑造文明的社会风气，进行社会主义精神文明建设等都具有重要价值。在任何时候，举止庄重、进退有礼、执事谨敬、文质彬彬等行为，不仅能够保持个人的尊严，还有助于进德修业。

　　语言是人们思想、情操和文化修养的一面镜子，在语言中也要体现礼仪。古人所谓"修辞立其诚，所以居业也"（《易·乾文》）。将诚恳的修饰言词看成是立业的根基，并且要"言必信，行必果"（《论语·子路》）。巧言令色的人，是不可能取信于人的。古人说，上天生人，于舌头上下两排牙齿紧密围裹，又在外面包一层厚厚的嘴唇，就是要人们说话一定要谨慎。虽说时代不同了，但古人对仪容仪表的重视及整洁外观的要求，还是值得今人借鉴的。外在形象是一种无声的语言，它反映出一个人的道德修养，也向人们传递出一个人对整个生活的内心

态度。具有优雅的仪表，无论走到哪里，都会带来文明的春风，得到人们的尊敬。

社会上讲文明礼貌的人越多，这个社会便越和谐、安定。如果我们每一个人都教养有素，衣冠整洁，礼貌待人，处事有节，我们的生活就会更多一些愉悦，国家、社会便会更多一些有序与文明。从这一点讲，礼仪对社会起着政治、法律所起不到的作用。长期以来，由于大量礼仪文化的精华和糟粕处于渗融并存的状态，我们忽视了传统礼仪文明这一宝贵的精神财富。在相当长一段时间内，社会、学校对礼仪养成教育不够重视，许多不文明的行为有增无减。在今天社会主义精神文明建设中，我们应立足于吸收民族文化中的精华，使传统文明礼仪古为今用，并结合当代社会及国际上的惯例，重建一套现代文明礼仪。

本书中，我们选编了历史上一些体现文明礼仪的经典故事，希望读者通过阅读此书，可以从中受到启迪和教益，在自己今后的生活和工作中，能用文明礼仪要求自己，使自己成为一个有高尚道德素质和良好文明修养的人。

目录

CONTENTS

第一篇

礼仪教化从家庭做起

周公三打子教礼仪

伯禽（生卒年不详），姬姓，字伯禽，亦称禽父，西周初年人。周公旦长子，周代鲁国的第一任国君。

西周初年，周公有个儿子名叫伯禽。他曾跟随周公的弟弟康叔去见周公3次，却被父亲痛打了3次。

为此，伯禽就去问商子，父亲为什么要这样做？

商子说："南山的阳面有一种树，叫做乔木；北山的阴面有一种树，叫做梓木，你怎么不去那里看一看呢？"

伯禽听了商子的话，就去看了。伯禽发现，乔木生得很高，树是仰着的；而梓木长得很低，树是俯着的。于是就回来把自己看到的告诉商子。

商子就对伯禽说："乔木仰起，就是做父亲的道理；梓木俯着，就是做儿子的道理。"

到了第二天，伯禽去见周公，一进门就很快走上前去，一登堂就跪下去。周公见状，称赞他是受了君子的教训。

■故事感悟

　　正因为有周公严谨的家训，伯禽才懂得了礼的意义；正因为伯禽懂得礼仪之真谛，所以他待人才处处显礼。这充分说明礼节的作用不容忽视。

■史海撷英

周公诫子

　　周成王将鲁地封给周公的儿子伯禽，周公便告诫儿子说："你去了以后，不要因为自己受封于鲁国（有了国土）就怠慢、轻视他人。我是文王的儿子，武王的弟弟，成王的叔叔，又身兼辅助天子的重任，我在天下的地位也不算轻贱了。但是，我还经常洗一次头发多次停下来，握着自己已散的头发接待宾客；吃一顿饭，也要多次停下来，接待宾客。即使这样，我还唯恐（因怠慢）失去人才。我听说，用恭敬的态度来保有宽厚待人的品行，就会得到荣耀；用节俭来保有广大的土地，必会获得安定；用谦卑来保有自己的官职，这就是高贵；用警备之心来保有人口众多、兵强马壮，就意味着胜利；用愚笨来保有聪明睿智，就是明智；用浅陋来保有渊博，也是一种聪明。这六点，都是谦虚谨慎的美德。天子之所以能够拥有天下，也是因为遵从了这些品德呀。不谦虚谨慎，就会失去天下，进而导致自己亡身，桀纣就是这样的下场。你怎么能不谦虚谨慎呢？"

■文苑拾萃

杂　感

白居易

　　君子防悔尤，贤人戒行藏。

嫌疑远瓜李，言动慎毫芒。
立教固如此，抚事有非常。
为君持所感，仰面问苍苍。
犬啮桃树根，李树反见伤。
老龟烹不烂，延祸及枯桑。
城门自焚燕，池鱼罹其殃。
阳货肆凶暴，仲尼畏于匡。
鲁酒薄如水，邯郸开战场。
伯禽鞭见血，过失由成王。
都尉身降虏，宫刑加子长。
吕安兄不道，都市杀嵇康。
斯人死已久，其事甚昭彰。
是非不由己，祸患安可防。
使我千载后，涕泗满衣裳。

文质彬彬成君子

孔子（公元前551—前479），名丘，字仲尼，春秋时期鲁国人，我国古代伟大的思想家和教育家，儒家学派创始人，世界文化名人之一。

一次，孔子和他的几个学生在一起，说到了一个人应有的气质问题。

孔子对学生们说："说到人的气质，大致上有两个方面：一方面是内在的品格、品质，这可以称之为'质'；另一方面是外在的修饰，我们可以称它为'文'。"

有一个学生问："老师，这两方面都很重要吗？"

孔子答道："都很重要。不过大部分人还做不到内在品质与外部修饰的协调。如果不注重内在的修养，那么这种人就会显得粗野；如果不注重外部的修饰，只是在品质上下功夫，这种人在社会上也难以与人交往和生存。"

有学生问："最好的该是怎样的呢？"

孔子回答得十分肯定："最好是文质彬彬，也就是内在的品质与外部的修饰相当，那样的人才真正称得上是君子！"

文质彬彬的气质、彬彬有礼的教养，一直为先贤们所推崇。正如孔子所说："彬彬有礼，然后君子。"古人给予君子一个良好的定义，君子也成为做人的一个理想标准。

孔子提倡以德治国

在治理国家方面，孔子主张"为政以德"，即用道德和礼教来治理国家是最高尚的治国之道。孔子的这种治国方略也被称为"德治"或"礼治"。这种方略将德礼施之于民，实际上是打破了传统的礼不下庶人的信条，打破了贵族和庶民之间原有的一条重要界限。

孔子的"仁"说，体现了人道主义精神；孔子的"礼"说，则体现了礼制精神，即现代意义上的秩序和制度。人道主义是人类永恒的主题，对于任何社会、任何时代、任何一个政府都是适用的，而秩序和制度则是建立人类文明社会的基本要求。孔子的这种人道主义和秩序精神，可谓中国古代社会政治思想的精华。

曲江祠

任溥

山川清淑气，钟为贤与良。
卓哉文献公，壮岁登庙堂。

一朝见疏斥，奸谗远披猖。
谁知宰相职，进退关存亡。
胡羯忽骚动，鼙鼓惊渔阳。
昭昭金鉴录，日月同辉光。
允宜千载下，竹帛长留芳。

不与井底之蛙谈大海

鲁哀公（？—前468），姬姓，名将，为春秋诸侯国鲁国君主之一，是鲁国第26任君主。他为鲁定公之子，承袭鲁定公担任鲁国君主。公元前494至前468年在位，共在位26年。

鲁国施氏有两个儿子，一个好儒学，一个好兵法。

好儒学的以儒术游说齐侯，齐侯听了很欣赏，就用他做诸公子的老师；好兵法的以兵法游说楚王，楚王听了很高兴，用他做军中司法官。

两个儿子的爵禄使家中富有了，双亲也很荣耀。

邻居孟氏也有两个儿子，爱好也跟施氏两个儿子相同，却一直过得贫穷。孟氏向施氏求教，但没有问仔细，就回来打发两个儿子上路，去诸侯国游说。

好儒学的去游说秦王。秦王听了，便说："当今诸侯以力相争，秦国急需的是兵、食而已；若用仁义治理秦国，是灭亡之道。"于是将他处以宫刑，然后才放了他。

好兵法的去见卫侯。卫侯听了，便说："卫国弱小，又处于大国之间。大国我们要侍奉，小国我们要安抚，这才是求安之道。如果按你

说的去做，我们就只好等待灭亡了。若让你躯体健全着回去，到了别国，就会对我们造成不小的危害。"于是断去了他的两足，然后把他送回鲁国。

孟氏二子游说不讲求对象，落得个可悲的下场。

孔子带领弟子到了各诸侯国游历，途中马跑丢了。这匹马吃了一个农夫的庄稼，农夫很生气，把马牵回家中拴了起来。孔子于是派善于辞令的弟子子贡前去交涉。子贡到了农夫那里，言辞谦卑有礼，讲了一番道理，但是农夫听不进去，没有让他牵回马。

子贡回去告诉孔子，孔子猛然有所悟，说："用人家听不进去的话去说人，就像用太牢（牛羊猪具备的馔肴）招待野兽，用九韶（一种高雅乐曲）之乐让飞鸟欣赏。这是我的错，不是子贡的错。"于是派马夫再次前往交涉。

马夫见到农夫，说："你耕种的土地，从东海到西海，面积太大了，我们的马走丢了，怎么能不吃到你的禾苗呢？"农夫听后很高兴，将马解下来交给了马夫。

由此看来，交际言辞的巧与拙，不能简单地看是否文质彬彬，合乎什么大道理；只要是根据不同的对象而采用适当的方法，打动人心，达到了预期目的，那么就是巧的，否则就是拙的。

鲁哀公嫌宫室狭窄，想向西扩建宅舍。史官直言谏诤，认为向西扩建宅舍是不吉祥的。鲁哀公对史官的劝阻非常反感，大发雷霆，左右大臣多次劝阻都不听。

哀公暗地里向老师宰折睢征求意见，说："我想扩建宅舍，可是史官说不吉祥。你认为怎么样？"

宰折睢知道君主的脾气，就先顺着他说："天下有三种不吉祥的事，而向西扩建宅舍不在其列。"

哀公听了非常高兴。

停了一会儿，哀公又问："那么，三种不吉祥的事具体内容是哪些呢？"

宰折睢于是说："不按照礼义行事，这是第一种不吉祥；嗜欲没有止境，这是第二种不吉祥；不听取强谏，这是第三种不吉祥。"

哀公听了默不作声，陷入深思，幡然悔悟，于是下令停止向西扩建宅舍。史官以为强谏可以阻止哀公的行为，可是结果使哀公更加强硬；而宰折睢没有与哀公正面争辩，采取了委婉的暗示方法，却使哀公幡然悔改。

■故事感悟

世上的事物纷纭复杂，千变万化，因此待人处事，要根据具体情况采取相应的解决办法。在言语交际中，要根据不同的对象采用不同的方式方法和谈话内容。庄子说过，井中之蛙不能同其谈论大海，是因为它一直生活在狭隘的井窟中；夏天生夏天死的虫子不能同它谈论冰雪，是因为它生存的时间有限；不通达的人不能同他谈论大道理，是因为他的眼光狭窄。说的就是这个道理。

■史海撷英

鲁哀公为室而大

鲁哀公统治时期，想要修建自己的宫殿，使宫殿的规模更大些。公宣子劝谏说："宫殿造得太大，很多人聚在一起就会很喧闹，而人少时又会显得很凄清。所以，我希望君王您建造宫殿最好能够恰如其分。"

鲁哀公听罢，说："我听你的指教。"但是说归说、做归做，修建大宫

殿的工程并没因此而停下来。

这样，公宣子就又去拜见哀公，劝谏说："我们的国家是个小国家，如果宫殿造得太大，老百姓知道了会埋怨君王的，诸侯知道了也会看不起我们的。"

鲁哀公说："我已经听到过这样的指教了。"但是工程仍然没有停下来。

公宣子只好第三次去见哀公，劝谏说："新宫殿的左边是昭庙，右边是穆庙，修建这么大的宫殿正好靠近两位先君的庙堂，这样不是有损您作为孝子的形象吗？"听到这席话，鲁哀公才下令停止施工，拆除板筑，不再扩建宫殿了。

石奋一生恭敬立身

石奋（？—前124），字天威，号万石君，西汉河内温县人。他的父亲是赵国人，姓石。赵国灭亡后，迁居到温县。"战战兢兢，如临深渊，如履薄冰"是他性格的主要特征。司马迁认为石奋虽不善言谈，却敏于行事。

汉朝时期，有个太中大夫名叫石奋。石奋虽然没什么文化，但做人很恭敬谨慎。

赵国灭亡后，石奋迁居到温县居住。汉高祖刘邦东进攻打项羽，途经河内郡，当时石奋只有15岁，是个小官吏，平时侍奉在汉高祖左右。

汉高祖与石奋谈话，非常喜爱他恭敬谨慎的态度。汉高祖问石奋："你家中有些什么人？"石奋回答说："我家中有母亲，不幸眼睛已失明。家中很贫穷。还有个姐姐，会弹琴。"

汉高祖又问："你愿意跟随我吗？"

他回答说："愿竭尽全力侍奉。"

于是，汉高祖就召石奋的姐姐入宫做了美人，让石奋做中涓，主要工作是受理大臣进献的文书和谒见之事。因为他的姐姐做了美人，石奋

的家也跟着迁徙到了长安的中戚里。到了汉文帝时，石奋的官职已升至太中大夫。他虽然不通儒术，但为人处世恭敬谨慎，无人可比。

汉文帝时，东阳侯张相如做太子太傅，后来被免职。文帝又重新选择可以做太傅的人，大家都推举石奋，石奋便又做了太子太傅。等到汉景帝即位时，石奋已官居九卿之位了。由于他过于恭敬谨慎而接近自己，汉景帝也比较畏惧他，调他做了诸侯丞相。

石奋有4个儿子，长子石建，次子石甲，三子石乙，四子石庆，都因为性情顺驯，对长辈孝敬，办事谨慎，官位做到2000石。因此汉景帝说："石君与他的4个儿子都官至2000石，作为人臣的尊贵荣耀竟然都集中在他们一家了。"因此，大家便称呼石奋为万石君。

汉景帝末年，万石君享受上大夫的俸禄告老回家。在朝廷举行盛大典礼朝令时，他都作为大臣来参加。经过皇宫门楼时，万石君一定要下车疾走，表示恭敬；见到皇帝的车驾，一定要手扶在车轼上，表示致意。他的子孙辈做小吏，回家看望他，万石君也一定要穿上朝服接见他们，而且不直呼他们的名字。子孙中有人犯了过错，石奋也不斥责他们，而是坐到侧面的座位上，对着餐桌不肯吃饭。这样，以后其他子孙们就纷纷责备那个有错误的人，然后再通过族中的长辈求情，本人裸露上身表示认错，并表示坚决改正，石奋才答允他们的请求。

已成年的子孙在石奋身边的，即使是闲居在家，石奋也一定要穿戴整齐，显示出威严整齐的样子。他的仆人也都非常恭敬、谨慎。皇帝有时赏赐一些食物送过来，家人定要叩头跪拜之后才弯腰低头去吃，犹如在皇帝面前一样。石奋在办理丧事时，也是非常悲哀伤心。子孙后代都遵从他的教诲，也照着他的样子去做。所以，万石君一家因孝顺谨慎闻名于各郡县和各诸侯国，即使齐鲁二地品行朴实的儒生们，也都认为自己比不上他们。

建元二年（公元前139年），郎中令王臧因推崇儒学而获罪。皇太后认为，儒生的言语大多都文饰浮夸而不够朴实，现在万石君一家不善夸夸其谈而能身体力行，因此就让万石君的大儿子石建做了郎中令，让小儿子石庆做了内史。

石建年老发白时，万石君的身体还健康无病。石建做了郎中令后，每5天休假一天，回家拜见父亲。每次拜见时，都要先私下向侍者询问父亲情况，并拿着父亲的内衣去门外水沟亲自洗涤，再交给侍者，不敢让父亲知道，而且经常这样做。当石建有事要向皇帝谏说时，能避开他人时就畅所欲言，说得峻急；及至朝廷谒见时，便装出不善言辞的样子。因此，皇帝对他也表示十分的尊敬和礼遇。

又有一次，担任内史的小儿子石庆喝醉酒回来，进入里门时没有下车。万石君知道这件事后，就不肯吃饭。石庆非常恐惧，忙袒露上身请求父亲恕罪，万石君仍不允许。全族的人和哥哥石建也都袒露上身请求万石君恕罪，万石君才责备说："内史是尊贵的人，进入里门时，里中的父老都急忙回避他，而内史坐在车中依然故我，不知约束自己，这是不应该的嘛！"说完就喝令石庆走开。从此以后，石庆和石家的弟兄们进入里门时，都要下车快步走回家。

汉武帝元朔五年（公元前124年），万石君去世。大儿子郎中令石建因悲哀思念而痛哭，以致手扶拐杖才能走路。一年后，石建也去世了。万石君的子孙们都很孝顺，其中石建又最为突出，其程度甚至超过万石君。

■故事感悟

"战战兢兢，如临深渊，如履薄冰。"谨慎小心总是对的，可以避免很多过错和失误，小心谨慎也是待人的一种礼貌。石奋可以称为是行为忠厚的君子长者。石奋作为朝臣，外表恭谨而实际内心特别惶恐，这也是难能可贵的。

典故"毕恭毕敬"

西周的最后一个国君是周幽王姬宫涅。他昏庸暴虐，因此当时的政治相当腐败。

公元前779年，褒国进献了一个名叫褒姒的美女，周幽王非常宠爱她。褒姒不爱笑，周幽王就用各种方法讨褒姒一笑。有人献计说，可以点燃报警的烽火台，招来各路诸侯兵马，让他们都上当，以此博得褒姒一笑。周幽王欣然同意。于是，他带着褒姒到行宫游玩，晚上时便传令点燃烽火。各地诸侯见烽烟四起，以为京城有敌人侵扰，纷纷率领兵马赶来相救。结果到京城一看，只见幽王正在喝酒取乐。幽王派人对他们说："没有什么盗寇，让你们辛苦了！"诸侯们受到欺骗，都非常气愤，只好匆匆地回去了。褒姒看了，不由得大笑。看到褒姒笑了，幽王也很开心。

后来，褒姒生了个儿子名叫伯服。周幽王就废掉了申后，立褒姒为王后；同时还废掉了申后生的太子宜臼，立伯服为太子。

宜臼遭到废黜，住到外祖父申侯家里。他对自己的命运和国家的前途满怀忧愁，心中十分痛苦，便写了一首题目为《小弁》的诗，抒发自己郁闷的心情。诗的第二节说："看见屋边的桑树和梓树，一定要毕恭毕敬。我尊敬的是自己的父亲，我依恋的是自己的母亲。谁人不是父母的骨肉，谁人不是父母所生？上天生了我，可我的好日子到何处找寻？"

由于周幽王昏庸无道，诸侯都纷纷叛离。公元前771年，宜臼的外祖父申侯联合犬戎的军队进攻镐京。周幽王下令点燃烽火，但诸侯们因为之前多次受骗，这次看到烽烟后，都不派救兵前来救援。结果犬戎的军队攻下镐京，杀了周幽王，掳走了褒姒。

后来，"必恭敬止"便演化为"必恭必敬"，也有写作"毕恭毕敬"的。

仇览以礼感化乡人

仇览（生卒年不详），字季智，一名香。他是东汉官吏，陈留考城人。先为蒲县亭长，劝人生业农事毕，乃令子弟还就学，其剽轻游恣者，皆役以田桑，严设科罚。

汉朝时期，有个名叫仇览的人。青年时期，仇览作为书生淳朴寡言，乡里没有人了解他。40岁时，县府征召他补任官吏，选拔他当薄亭长。他鼓励人们发展生产，为百姓制定法令条文，以至到果树蔬菜定出限额，鸡猪规定数量。

每当农事完毕之后，仇览就让子弟们到学校学习。而对一些轻浮放荡的人，仇览就用耕田桑蚕之事役使他们，并严格制定惩罚措施。他还亲自帮助有困难的人办丧事，救助、抚慰贫困孤寡的人。一年以后，当地发生了很大的改变。

仇览刚到薄亭时，有个叫陈元的人，与母亲住在一起。可是有一天，他的母亲却到仇览那里控告陈元不孝。仇览吃惊地说："我近日经过你们家，看到房屋很整齐，田地按时耕耘，这个人不是恶人，应当是没有受到教育感化罢了。你作为母亲，守寡养育孤儿，自己受苦，又接

近年老，怎么能因一时发泄愤怒，就将不讲道义之名送给儿子呢？"

这位母亲听了很感动、后悔，流着泪离开了。后来，仇览又亲自到陈元家，与他们母子交谈，并向陈元讲述人伦孝敬的行为，用祸福之类的话使他自己领会，陈元终于成为有名的孝子。

当时考城县令河内人王涣，政事崇尚严厉，听到仇览善用道德感化人，便委任仇览当主簿。他对仇览说："你听到陈元的过错，不是治罪而是感化他，莫非缺少鹰鹯一样的威猛心志吧？"仇览说："我认为鹰鹯虽威猛，但不如鸾凤美好。"

王涣致谢送走他说："棕树荆棘不是鸾凤栖息之处，百里之路哪里是你这样的大贤人走的路呢？现在太学中那些人拖着长长的衣襟，名誉飞扬，可言行都不如你。我拿一个月的俸禄作为奖励，勉励你最终成就崇高的品德。"

仇览进入太学后，当时生员中同郡的符融有很高的名声，住所与仇览的房子挨着。但是，在宾客满屋时，仇览就常常坚守自己的心志，不与符融谈话。

符融暗暗观察仇览的容貌举止，内心唯独认为他是与众不同的，便对他说："我和您是同乡，住所又相邻，现在京城英雄都从四方聚集，是志士结交之时，您虽然致力于守住学业，为什么这样坚定？"

仇览面色严肃地说："天子设置太学，难道只是让人们在这里交谈吗？"

然后，仇览就向符融高高地拱手施礼离开了，也不再跟他说话。后来，符融将这些事告诉了郭林宗，郭林宗便与符融带着名帖到住处拜见仇览，趁机请求留下住宿。郭林宗很感叹，向仇览行礼。

仇览学业完毕后回到乡里，州郡官府都去邀请他做官，他都以生病为借口推辞了。虽然在家闲居，但仇览也一样用礼法严格要求自己。妻子儿女有过失时，他就脱帽（表示犯过失）自责。妻子儿子在院中道歉，等到仇览戴上帽子，才敢走进房屋。家人没有谁见过他因喜怒在说话声音和脸色上表现出不同，后来他被征为方正之人，因病去世了。

■故事感悟

仇览的礼节让人钦佩。如果每个人都像仇览这般彬彬有礼，那么社会会更加和谐！良好的礼节有助于人们之间建立友好合作的关系，缓和和避免不必要的矛盾和冲突。一般来说，人们受到尊重、礼遇、赞同和帮助就会产生吸引心理，形成友谊关系；反之，会产生敌对、抵触、反感，甚至憎恶的心理。

■文苑拾萃

蒙求（节选）

（唐）李翰

苏武持节，郑众不拜。郭巨将坑，董永自卖。
仲连蹈海，范蠡泛湖。文宝缉柳，温舒截蒲。
伯道无儿，嵇绍不孤。绿珠坠楼，文君当垆。
伊尹负鼎，宵戚叩角。赵壹坎壈，颜驷塞剥。
龚遂劝农，文翁兴学。晏御扬扬，五鹿岳岳。
萧朱结绶，王贡弹冠。庞统展骥，仇览栖鸾。
葛亮顾庐，韩信升坛。王褒柏惨，闵损衣单。
蒙恬制笔，蔡伦造纸。孔伋缊袍，祭遵布被。
周公握发，蔡邕倒屣。王敦倾室，纪瞻出妓。
暴胜持斧，张纲埋轮。灵运曲笠，林宗折巾。
屈原泽畔，渔父江滨。魏勃扫门，潘岳望尘。
京房推律，翼奉观性。甘宁奢侈，陆凯贵盛。

嵇绍"鹤立鸡群"

嵇绍（253—304），字延祖，谯国铚人，嵇康之子，谥号忠穆。他是晋朝名士，著名的竹林七贤之一。嵇康才华横溢，以丝竹音乐闻名于世，像著名的《广陵散》，就是他的代表作。当时他和6位朋友，经常聚集在竹林里吟诗、喝酒、作乐，非常悠闲；他们都是四方的贤达之人，对时局有清醒的认知，对人生有着不同流俗的志节与追求，被后人尊称为竹林七贤。

曾经有人对王戎说："我昨天在市集来来往往的人群中见到了嵇绍，看到他气质风度不同凡俗，就像是一只鹤站在鸡群当中一样。"王戎说："嵇绍确实是一位品格高尚、气宇非凡的青年才俊，看到他，就如同看到他的父亲当年一样，父子二人，竟然如此相像。"这是成语"鹤立鸡群"的由来，也是嵇绍卓绝品德真实而又生动的写照。

有一次，几位大臣聚集在一起讨论国家大事。有人提议，请嵇绍为大家展现一下他的音乐才华，于是就把琴端了出来，可是被嵇绍拒绝了。他说："诸位都是朝廷的大臣，肩负辅佐君王、报效朝廷的重责，一举一动都是世人的榜样。而今我们身穿礼服，在厅堂当中讨论着朝廷的大事，怎么能在这么庄重的地方，像艺人一样当庭弹唱呢？今天如果是身穿便服，在家里闲聊，那我当然不敢推辞，能为大家助兴一番，何乐而不为？可是现在，这样做是失礼的。"

■故事感悟

从这个故事我们可以知道，嵇绍是多么讲求恭敬，重视礼节，知道进退。他一生立身处世都非常端正，这是值得我们敬佩和学习的！

■史海撷英

正直的嵇绍

元康初年（291年），嵇绍任给事黄门侍郎。当时侍中贾谧凭借着受宠爱的外戚身份，年纪轻轻就身居高位。潘岳、杜斌等人都依附他。贾谧请求与嵇绍交好，嵇绍却拒绝不理。等到贾谧被处死，嵇绍正在官署，因为他不亲附恶人，被封为弋阳子，又升为散骑常侍，兼任国子博士。太尉、广陵公陈准死了，太常奏请加给谥号，嵇绍反驳说："谥号是用来使死者垂名不朽的，大德之人应当授予大名，微德之人就应授予微名。'文武'这些谥号，显扬死者的功德；'灵厉'这些谥号，标志着死者的糊涂昏昧。由于近来掌礼治之官附和情弊，谥法便不依据原则。加给陈准的谥号过誉，应该加谥号为'缪'。这件事应交给太常处理。"当时朝廷虽然没有听从嵇绍的意见，但是大臣们都有些惧怕他。

孙晷恭谨善待人

孙晷(生卒年不详），字文度，东晋时期吴郡富春人，是伏波将军孙秀的曾孙。司空何做扬州刺史，表奏孙晷为主簿；司徒蔡谟征召他为属下，孙晷都不应召。尚书经国明是当地德高望重的人，上表举荐他，官府直接征召。

东晋时，有个名叫孙晷的人。孙晷小时候从未被呵斥过，顾荣看到后，对他的外祖父薛兼赞扬地说："这个孩子神色清明，有志气，不是一般的小孩。"

等到长大后，孙晷恭敬孝顺，清廉节俭，学识符合公理道义。每当独处暗室时，容貌举止顾盼之间也未曾有所偏离。虽然自己家业丰厚，但孙晷常常穿布衣、吃素食，亲自在田间耕种，功读不辍，欣欣然独享其乐。父母担心他，怕他用功过度，想让他轻松一些，但他早起晚睡，没有一点儿松懈之意。

父母日常的饮食，即使是兄弟们亲自送来，他也从不离半步，照顾父母起居。富春一带通车的道路很少，动不动就要从江河间通过。父亲不习惯水路，每出行乘坐舆，孙晷亲自服侍。到达以后，就藏在门外的树后或能遮挡身体的地方，不让主人知道。

兄长曾长期卧病，孙晷亲自照顾，尝药送水，精心料理，远涉山水，祈求诚恳备至。

孙晷每每听说别人的优点，高兴得像是自己有所得；听说别人的缺点，难过得像是自己有所失。看见别人忍饥挨饿受冻，就周济供养他；乡人的馈赠，一点儿都不接受。

亲朋故交中有几个穷困潦倒的老者，常常前来讨要东西，人们多厌烦慢待他们；而孙晷看到他们，非常愉快恭敬，天冷就同卧，吃饭也同锅，有时还脱下衣服赠送被子来救济他们。

当时收成不好谷物昂贵，有人偷割他家未成熟的稻子，孙晷看到后躲避起来，一定在人家离开后才出来，不久还亲自割下稻子送给他人。乡邻既感动又惭愧，没有人再敢去侵扰他。

会稽人虞喜在海边隐居，有赶超世人的风范。孙晷钦佩他的品德，娶了他的弟弟虞预的女儿为妻。虞喜劝诫侄女抛弃浮华崇尚朴素，与孙晷志同道合，当时的人称他们为"梁鸿夫妇"。济阳人江淳很小就有高尚的品行，听说孙晷才学品行超越常人，从东阳前往看望。刚见面，就整天欢宴，尽兴而去。

■故事感悟

在现代生活中，人与人之间的关系错综复杂，平静之中都可能发生冲突，甚至采取极端行为。如孙晷般恭谨的礼仪及善待他人，有利于促使冲突各方保持冷静，缓解已经激化的矛盾。如果人们都能够自觉地遵守礼仪规范，按照规范约束自己，就能使感情得以沟通，从而建立起相互尊重、彼此信任、友好合作的关系，进而有利于各项事业的发展。

孙晷之死与老者哭丧

孙晷去世时年仅38岁，朝野上下嗟叹痛惜，没来得及为孙晷举行盛殓。

有一位老人穿着破衣草鞋，不通报姓名，直接进来抚着灵柩大哭。哀声悲苦，左右之人无不感动。哭完出门径直离去。他容貌清朗，眼孔方正。守门人告诉办丧事的人，办丧事的人感到奇怪就去追他。他径直而去也不回头。同郡的顾和等100多人为其精神面貌异于常人而慨叹不已，但不能推知是怎么回事。

臧荣绪侍母拜经

臧荣绪（415—488），南朝东莞郡莒县（今山东莒县）人，古代齐史学家。他出生在官宦之家。祖父奉先曾任建陵（今江苏泰县）令，父庸民曾任国子学助教。所著的臧版《晋书》成为后来唐朝房玄龄、诸遂良等人修史《晋书》的最重要蓝本。

南北朝时候，南宋朝的臧荣绪从小失去了父亲。他亲自在园地里种植菜蔬，用来作为祭祀祖宗的祭品和供养母亲。

后来，臧荣绪的母亲也去世了，他就在初一和十五这两天很恭敬地进行祭拜。有了甜美珍贵的食物，他也一定要献供。

过了一段时间，臧荣绪到江苏镇江一个名叫京口的地方隐居，并教授着一班学生。当时的读书人都很敬重他。他虽然不出去做官，但学识渊博，所以当时的人们都称他为被褐先生。

臧荣绪尤其喜爱《诗经》《书经》《易经》《礼记》《春秋》这5部经书。因为孔子是在庚子那一天生的，所以到了这天，他就会把这5部经陈列在书桌上，然后穿了礼服、戴了礼帽，对其祭拜。

臧荣绪觉得，酒是扰乱人的德性的根源，因此他常常说一些警戒的

话。他平生品行纯正和笃实，大概都是这个样子的。

■故事感悟

臧荣绪拜经，其实质是对古人的学问和人品的一种尊重和敬佩。他处处以礼待人，也是值得我们学习的。生活里最重要的是以礼待人，有时候礼的作用不可估量。从某种意义上讲，礼仪比智慧和学识都重要。

■史海撷英

臧荣绪潜心著述

臧荣绪博学多才，却不愿为官，朝廷多次征他出来做官，他都推辞了。在京口教书时，南徐州刺史曾请他任西曹，举秀才，臧荣绪也不肯去。当萧道成为扬州刺史时，也曾征臧荣绪为主簿（后为南朝齐高帝），但臧荣绪同样不曾赴任。他潜心著述，终于在花甲之年撰成《晋书》110卷。这部书囊括了东西晋的全部历史，各体具备，卷帙繁富，弥补了在此之前17家《晋史》的不足之处，为后代留下了宝贵的资料。所以，唐代在撰修《晋书》时，都以臧荣绪的《晋书》为主，再参考其他晋史、杂说编纂而成。臧荣绪还著有《嫡寝论》《拜五经序论》等。另有《绪洞记》作为韦曜《洞记》的续集。

■文苑拾萃

臧荣绪晋书卷四《九家旧晋书辑本》节选

后妃晋武采汉魏之号，以拟周之六宫，置贵妃、夫人、贵人，是为三夫人。淑妃、淑媛、淑仪、修容、修华、修仪、婕妤、容华、充华，是为九嫔。又置美人、才人、中才人，以为散职。《初学记》十。

　　武帝泰始中，大采择公卿子女以充六宫，使杨后简选。后妒，不取端正妙好，唯取长白肥大，貌粗举则取。《初学记》十。

　　武悼杨皇后，废在金墉城，与母高都君庞氏共止。高都君临刑，后抱持号叫，不食而崩。《御览》二百二。

　　左贵嫔，左思妹，名芬，少好学，善缀文，名亚于思，武帝闻而纳之。《书钞》引《晋书》。

　　后为贵嫔，姿陋无宠，以才德见礼。体羸多患，常居薄室，帝每游华林，辄迥辇省一作过之。言及文义，辞对清华，左右侍听，无不称美。《书钞》引《晋书》。

薛聪品行方正

薛聪（654—701），北魏时期名僧元晓之子。最初学习佛经，后改学儒学经典。曾入沙门，后又还俗，自号小性居士。当时汉文还不很普及，他曾用方言（朝鲜语）解读九经，并整理了比较混乱的吏读文字（借用汉字标记朝鲜语的一种文字），使之系统化，对朝鲜古代文化的发展作出了贡献。他的作品大部分已散失。有寓言散文《花王戒》一篇载于《三国史记》中；《东文选》也有收录，题名《讽王书》。

南北朝时候，北魏朝有一个名叫薛聪的人。他品行方正，办事也是有理有节，很有见识。虽然薛聪住在一所阴暗的房子里，但始终显得端正庄严。别人见到他，对他的敬畏也会油然而生。

薛聪的父亲去世后，他就在父亲的坟旁边筑了一间茅棚居住。他悲痛的哭声，就是路过的人听到了，也都替他伤心。

薛聪对兄弟们也很关怀友爱，而且他的家教很严。他的几个弟弟虽然已经娶了亲、做了官，但有了过失，薛聪都会杖罚他们。

后来，薛聪做了徐州地方的刺史官。虽然他的行政很简易，不繁重，但薛聪还是因为过度劳累死在了徐州任上。他的下属和人民把他的坐榻保存起来，表示留存薛聪的遗爱。朝廷也追封他为简懿侯。

■故事感悟

薛聪的举止正是礼节礼貌的表现。待人恭敬的态度，谦逊和气，互尊互爱，互谦互敬，这些都是有礼貌的表现。良好的风俗习惯是教育、文化的结晶，我们当以这种精神和表现为己任，以此严格要求自己！

■史海撷英

朝鲜文学沿革

朝鲜文学的成文作品大约出现在公元前1世纪左右。

在这之前，朝鲜已经流传着许多古代神话传说和口头歌谣了。这种最原始的艺术活动见于中国的《史记》《汉书》《三国志》和朝鲜的《三国史记》《三国遗事》等史书中。内容大概都是同祭祀和农功事毕的欢庆活动相结合的，反映了当时人们的生产活动和原始的宗教信仰。

如今存下的最古老的四言诗《箜篌引》和《迎神歌》，可能就是朝鲜使用文字后记录下的口头歌谣。《箜篌引》出自中国的汉乐府，据西晋人崔豹《古今注》的记述，它被认为是古朝鲜人所作的。朝鲜最古老的神话传说以《檀君神话》为代表，叙述了神人檀君建立古朝鲜国的故事。后来，薛聪所著的寓言《花王戒》、慧超所著的《往五天竺国传》残本和金后稷所著的《谏猎文》，成为至今可以看到的为数不多的新罗散文。

汉文传入朝鲜后，便开始出现了书写文学。近2000年来，他们借用汉字书写官方文书，著书立说，进行文学创作。1444年，李朝世宗时创制了

朝鲜文字，从此国语文学日渐普及。到了李朝末期，汉文文学开始趋于衰落，最终为国语文学所代替。

寓言《花王戒》

寓言《花王戒》为北魏的薛聪所作。《东京杂记》中称他"又以俚语制吏札，行于官府"。

当时的"俚语""方言"主要指朝鲜语。由此可见，薛聪虽然属于文人士大夫之列，却比较重视当时为统治阶级所轻视的本民族语言。从朝鲜接受与使用汉字的历史来看，薛聪是乡札标记法的首创者或整理人。

《花王戒》是薛聪奉神文王之命而编写的一篇寓言。国王当时的目的可能只是为了听一些"异闻"以散心解闷，薛聪便趁机针对国王平素的缺点讲了这篇寓意深远的故事，后来又奉命将其写成文章。

《花王戒》以花王比喻国王，以蔷薇比喻宫中美女，以白头翁（植物名）比喻忠直之士。

寓言中的蔷薇形象是这样的：

一佳人，朱颜玉齿，鲜妆靓服，伶俜而来，绰约而前曰："妾履雪白之沙汀，对镜清之海，而沐春雨以去垢，袂清风而自适，其名曰蔷薇。闻王之令德，期荐枕于香帷。"

白头翁的形象则是这样的：

一丈夫，布衣韦带，戴白持杖，龙钟而步，伛偻而来曰："仆在京城之外，居大道之旁，下临苍茫之野景，上倚嵯峨之山色，其名曰白头翁。"

前者外貌美艳，香气袭人，但徒供观赏，使人迷醉；后者朴实无华，外貌无动人之处，却可以祛病延年。二者必择其一，花王犹豫难决，但对美貌佳人爱怜难舍，对朴素的白头翁却漠然冷淡。于是，白头翁便对花王说道："吾谓王聪明识理义，故来焉耳，今则非也。凡为君者，鲜不亲近邪佞，疏远正直。是以孟轲不遇以终身，冯唐郎潜而皓首。"

王僧孺自幼懂礼

王僧孺(465—522),东海郯(即今郯城)人,南朝梁大臣。幼时家贫好学,常为人抄书以养母。后仕齐为太学博士,以善辞藻游于竟陵王萧子良门下,与任昉交往甚密。后出任为治书侍御史、钱塘令。梁时,任南海太守,迁尚书左丞,又兼御史中丞。时武帝曾作《春景明志诗》500字,命沈约以下辞人同作。帝以为僧孺诗最好,任其为少府卿、尚书吏部郎、南康王长史、兰陵太守,但因诬而被免官。有集30卷,已散佚,明人辑有《王左丞集》。

王僧孺是南北朝时期梁朝的一位著名的大学者。

他出生在山东郯城一个没落的官宦家庭,家境非常贫寒,连一日三餐都吃不饱,但他十分好学。家里无钱供他读书,他就把家中原有的一些残书、破书收集起来,请母亲装订好,走到哪里,就把书带到哪里,随时随地读书。

从书籍中,王僧孺学到了很多知识和礼节,加上父母的严格管教,他从小就养成了谦恭达理的品格。

王僧孺5岁时,有一天父亲外出,父亲的一位朋友恰巧提着一篮水

果前来拜访。王僧孺就随母亲一起出来接待客人。他十分谦恭地与客人打招呼，俨然一个大人。

那客人见王僧孺小小年纪，说话十分得体，长得也十分可爱，从心里有几分喜欢他，便问他是否进了学堂。

小僧孺说因家中贫寒，只是随父亲在家认几个字。客人觉得王僧孺说话很有分寸，又问他在家读些什么书。小僧孺告诉他只读些残破的诸子百家。

客人不禁对他刮目相看，这些书连学堂里读书的少年阅读起来都很费劲，没想到小僧孺如此聪慧。他越发从心眼里喜欢这孩子，于是就顺手从水果筐里拿出一个大甜桃给王僧孺吃。没想到，王僧孺却摇摇头，拒绝了，并说客人没吃不能先尝。

母亲与客人闲谈时，小僧孺就在一旁恭听着。谈到与自己有关的事或自己知道的事，小僧孺从不乱插嘴，也不打断客人的谈话。客人见小僧孺如此谦恭达理，更是对他赞不绝口。

小僧孺听了客人的赞赏，读书更加发奋了。6岁的时候，他就能够整篇整篇地读文章，也能写一些短文了，全村的人都夸奖他是个聪明好学、谦恭达理的小才子。长大成人后，王僧孺更加喜欢读书藏书，成了家藏万卷书、博学多才的大人物。

■故事感悟

我们应当向王僧孺的这种处处有礼节的行为学习。对于个人来说，适当的礼仪既是尊重别人，也是尊重自己，在个人事业发展中起着决定性作用。它既提升了人的涵养，又增进与他人的了解与沟通，细微之处尽显真情。

王僧孺救友

天监七年（508年），文学家任昉在新安任所去世。这时，复古势力开始猛烈地抨击任昉。王僧孺与任昉曾为忘年之交，他也是当时文学战线上的中坚力量。为实现自己的文学主张，王僧孺还书写了"不独新声善变，更多达言深意"的《为韦雍州表》。

面对复古势力对任昉的抨击，不论是从私交上，还是从志趣上，王僧孺都不能保持沉默，于是他迅即写成了《太常敬子任府君传》，以传述任昉平生回答那些诋毁者的攻击。王僧孺认为，前一代有影响的作家有所短，重要的是在变新中以扬长避短。任昉的"亹亹之功"就在于：他以苦志于学的精神，使其具有了渊博的才华，改变新的文学创作"若闻金石，似注河海"。其中"笔记尤为典实"，从而肯定了任昉的文学地位及其在文学变革中的作用，给复古派以沉重的打击。

■ 文苑拾萃

侍释奠会

王僧孺

儒惟性府，道实人灵。

乃宣地义，载景天经。

合宫传蔼，衢室流馨。

人区允睦，王路惟宁。

舄弈代终，氛氲革禅。

我后天临，庶氓利见。

焕哉隆平，穆矣于变。

德漏八埏，声锵九县。

春方贰极，含神测几。

敬恭驰道，祗承兽闱。

列辟载粲，群司有晖。

菴蔼槐路，逶迤衮衣。

教思无方，循训有则。

告奠先师，式祀盛德。

其礼载闲，其仪不忒。

幽显聿宣，人祇允塞。

冬物澄华，寒晖皓絜。

云浮钟虡，风生舞缀。

尽性餐和，含灵饮悦。

仰沐弘餐，俯惭磬岁。

柳公绰治家严谨

柳公绰（765—832），字宽，唐时京兆华原人，即今铜川市耀州区稠桑乡柳家塬人。他性格庄重严谨，喜交朋友豪杰，待人彬彬有礼，聪敏好学，政治、军事、文学，样样精通，尤其喜爱兵法。先授"校书郎"，继封"渭南尉"。由于他功劳卓著，官封"兵部尚书"。去世后，追赠太子太保，葬于耀州区阿子乡让义村。

唐朝时候，有一个名叫柳公绰的人。每日天色刚刚亮，他都要到自己读书的小斋里。他的儿子柳仲郢等，也都要束好衣带，去向柳公绰行早晨省问的礼节。柳公绰从早晨一直到晚上，都不离开这个小斋。天晚了，家人们会点上蜡烛送进来。这时，柳公绰就把子弟们叫进来，自己读完经史以后，对他们讲述居家和做官的大道理。这样完了以后，他才回到寝室里去。儿子们再来问过晚安，才能各自回去休息。

这些礼节，在柳公绰家一直持续了很多年，都没有改变过。

柳家还以治家严谨而闻名于世，柳氏家法也成为当时人们教育子孙的榜样。柳公绰对子女们要求十分严格，每到灾荒的年月，家中即使储备甚足，摆在子侄们面前的却始终是一碟菜。他还经常让孩子们吃野

菜，并对他们说："你们的爷爷在世时，曾因为我们兄弟学习不好，就不给我们肉吃，我们终身都没有忘记他老人家的教诲啊！"柳家子侄们听后，都很受教育。柳公绰试图通过这样的方法来教育子孙学会勤俭持家、勤学苦读。

柳公绰还十分重视长幼之序。他在外任官时，有一次，他的儿子柳仲郢前来看望他，柳公绰就要求他的儿子在距离衙门很远的地方下马，以示对长辈的尊敬。同时，还要求他尊重府中的各位工作人员，不要因为职位低就轻视他们，也要对他们行晚辈之礼。

在严谨家法的影响下，柳公绰的孙子柳玭写下了《诫子弟书》和《柳氏序训》，从做人到治家，集中体现了柳氏家法的精髓。

■故事感悟

正因为柳公绰有着严格的家训，所以柳家待人彬彬有礼、谦虚温和。可见，礼仪的作用是很重要的。修身、齐家、治国、安天下，礼仪先从修身、齐家开始。

■史海撷英

柳公绰忠心为国

814年，柳公绰被任命为岳鄂观察使。当他听说唐宪宗调兵征讨淮西节度使吴元济时，便直接上书，谈论自己的作战计划，据理请战。唐宪宗便命他为岳鄂指挥官，归安州刺史李听统率。

柳公绰统兵到了安州，选出精兵6000名，约法严明，军纪肃正，士气大振，不但李听信服他，将士们也都愿意拼死作战。军队每次出战，柳公绰都派人慰问将士的家属，解决他们的生活看病等实际困难，并教育家属遵法纪、讲道德，使家中男子能够安心在前线作战。将士们都感慨地说："中丞为我等家事操心，我们怎能不为国家拼死作战？"

柳公绰还身先士卒，作战勇敢，因此鄂岳军在与吴军的战斗中常常获胜。后来，宰相裴度取消了讨吴军队的宦官监军，李溯、柳公绰获得了作战的主动权。他们密切配合，主动出击，终于在817年冬天的一个大风雪夜中攻破蔡州城，活捉吴元济，平叛了淮西之乱。

唐文宗即位后，柳公绰在处理沙陀等少数民族的问题上，讲究政治策略，平等对待，深得边民的拥护，维护了北部边疆的安全。由于他功劳卓著，官封兵部尚书。

柳公绰去世后，被追赠为太子太保，葬于耀县阿子乡让义村。他的墓前有清乾隆陕西巡抚毕源立碑，上书"唐兵部尚书柳公绰墓"。如今，该墓已成为陕西省重点文物保护单位。

■文苑拾萃

和武相公锦楼玩月得浓字

柳公绰

此夜年年月，偏宜此地逢。
近看江水浅，遥辨雪山重。
万井金花肃，千林玉露浓。
不唯楼上思，飞盖亦陪从。

缅伯高千里送鹅毛

李世民（599—649），陇西成纪人，祖籍赵郡隆庆，政治家、军事家、书法家、诗人。他即位后，积极听取群臣的意见，努力学习，以文治天下。有个成语叫"兼听则明，偏信则暗"，就是说他的。他成功转型为中国史上最出名的政治家与明君之一，开创了历史上的"贞观之治"。经过主动消灭各地割据势力，虚心纳谏，在国内厉行节约，使百姓休养生息，终于使得社会出现了国泰民安的局面，为后来的开元盛世奠定了重要的基础，将中国传统农业社会推向鼎盛时期。

"千里送鹅毛"的故事发生在唐朝。

当时，云南的一个少数民族首领为表示对唐王朝的拥戴，便派特使缅伯高向唐太宗进献了一只天鹅。

当路过沔阳河时，好心的缅伯高便将天鹅从笼子里放出来，想给它洗个澡。不料，天鹅出来后便展翅飞向高空。缅伯高急忙伸手去捉，结果只扯下了几根鹅毛，天鹅还是飞走了。缅伯高急得顿足捶胸，号啕大哭。

随从们见状就劝他说:"既然天鹅已经飞走了,哭也没有用,还是想想补救的方法吧。"缅伯高一想,也只能如此了。

到了长安,缅伯高拜见唐太宗,并献上礼物。

唐太宗见献上来的是一个精致的绸缎小包,便令人打开,结果一看,里面只装着几根鹅毛和一首小诗。诗曰:"天鹅贡唐朝,山高路途遥。沔阳河失宝,倒地哭号啕。上复圣天子,可饶缅伯高。礼轻情意重,千里送鹅毛。"

唐太宗对此感到莫名其妙。这时,缅伯高便讲出了事情的原委。唐太宗连声说:"难能可贵!难能可贵!千里送鹅毛,礼轻情意重!"

▢故事感悟

这个故事体现着送礼之人以礼待人的可贵美德。今天,人们用"千里送鹅毛"比喻送出的礼物虽然单薄,但情意异常浓厚。这也是礼仪精髓之所在,我们应当继承并将其发扬光大!

▢史海撷英

南诏和唐朝结盟

唐朝的剑南节度使韦皋是个很能干的地方长官。当他得知南诏有意归唐时,便积极施加压力进行劝诱,并且压倒了吐蕃在南诏的势力。793年,南诏国王异牟寻决定归唐,遣使者分三批到成都表示诚意,愿为唐作藩臣。

794年,唐王朝遣使者崔佐时到羊苴咩城,在点苍山会盟。盟辞大意是唐与南诏各守疆界,互不侵犯,保持和平友好的关系,南诏则不得与吐蕃私下交往。会盟后,异牟寻便发兵袭击吐蕃,大破吐蕃军于神川(云南境内金沙江),取铁桥等16座城池,得到降众十多万人,征服了施、顺、

磨些等部，迁数万户充实弄栋镇。不久，吐蕃也倾全部兵力攻打剑南和南诏。801年，韦皋与异牟寻合力，大破吐蕃军。南诏生擒了吐蕃军的统帅论莽热，并向唐朝廷献上论莽热。

南诏归附唐朝后，得到了大唐的帮助，获得了前所未有的大胜利。此后，吐蕃衰弱，不再进攻，唐则守住盟誓，也不再出兵干涉。外面没有强邻，南诏才逐渐成为西南的强国。

■文苑拾萃

饮马长城窟行

李世民

塞外悲风切，交河冰已结。
瀚海百重波，阴山千里雪。
迴戍危烽火，层峦引高节。
悠悠卷旆旌，饮马出长城。
寒沙连骑迹，朔吹断边声。
胡尘清玉塞，羌笛韵金钲。
绝漠干戈戢，车徒振原隰。
都尉反龙堆，将军旋马邑。
扬麾氛雾静，纪石功名立。
荒裔一戎衣，灵台凯歌入。

老板尊重乞丐

有这样一个真实的故事。

一天，一家生意兴隆的点心店门口来了一个乞丐。只见他衣衫褴褛，浑身还散发着怪异的味道。当他蜷缩着身子走到蒸点心的大炉子前时，周围的客人都皱眉掩鼻，露出嫌恶的神色来。

仗势欺人的伙计见状，忙呵斥乞丐滚开。乞丐却拿出几张脏兮兮的小面额钞票，说："我不是来乞讨的，我听说这里的点心好吃，也想尝尝。我已经想好久了，好不容易才凑了这些钱。"

店老板看到了这一幕，他不假思索地走上前，十分恭敬地将两个热气腾腾的点心递给乞丐，并深深地向他鞠了一躬，说："谢谢关照，欢迎再次光临！"

伙计惊呆了，因为平时店里不论来多么尊贵的客人买点心，店老板都交给伙计们招呼；今天他却亲自招呼客人，对他毕恭毕敬，而这个客人却是一个乞丐！

店老板轻笑着说："那些常来光顾我们店的顾客，我们当然欢迎。但他们都是有钱人，买几个点心对他们而言，是件非常容易且平常的事。而今天来的这位客人虽然是位乞丐，却与众不同。他为了品尝我们的点心，不惜花去很长时间讨得的一点儿钱，实在是难得之至。我不亲

自为他服务，怎么对得起他的这份厚爱？"

这时，在一旁的小孙子不解地问店老板："既然他是一位很可怜的乞丐，那为什么还要收他的钱呢？"

老板严肃地说："他今天是作为一个客人来到这里的，不是来讨饭的，所以我们应当尊重他。如果我不收他的钱，那就是把他当作乞丐，是对他的侮辱。我们一定要记住，要尊重我们的每一个顾客，哪怕他是一个乞丐。因为我们的一切都是顾客给予的。"

■故事感悟

这里的"尊重"绝不仅仅只是社交场合的礼貌，而是来自人心深处对另一个生命深切的理解、关爱、体谅与敬重。这样的尊重绝不含有任何功利的色彩，也不受任何身份地位的影响。正因为如此，这种尊重才最纯粹、最质朴，也最值得发扬。

■文苑拾萃

《尊重他人》节选

佚 名

尊重他人是一种高尚的美德，是个人内在修养的外在表现。为明星运动员呐喊与喝彩是尊重，给普通运动员以鼓励和掌声同样是尊重。在生活中，对各级领导的崇敬是尊重。对同事、对下级、对普通的平民百姓以诚相待、友好合作，倾听他们的声音，同样是尊重。当他人功成名就时给以赞扬而不是贬低是尊重，对情趣相投的人真诚相待是尊重，对性格不合的人心存宽容同样也是尊重……

尊重他人是一个人的思想道德修养好的表现，是一种文明的社交方式，是顺利开展工作、建立良好的社交关系的基石。对上级、同事、下级、平民百姓尊重，有利于对上负责和对下负责的一致性，有利于密切党群关系、干群关系，有利于团结合作，提高工作效率；对家人的尊重，有利于和睦相处，形成融洽的家庭氛围；对朋友的尊重，有利于广交益友，促使友谊长存。

总之，尊重他人，生活就会多一份和谐，多一份快乐。

第二篇
尊师敬长爱贤才

子贡赞师孔子

端木赐（公元前520—前456），字子贡，孔门七十二贤之一。他是孔子的得意门生，且列言语科之优异者。孔子曾称其为"瑚琏之器"。他利口巧辞，善于雄辩，且有干济才，办事通达，曾任鲁、卫两国之相。他还善于经商，曾经经商于曹、鲁两国之间，富致千金，为孔子弟子中首富。相传，孔子病危时，未赶回，子贡觉得对不起老师，别人守墓3年离去，他在墓旁再守了3年，一共守了6年。

子贡是春秋末期思想家、教育家，孔子的学生。

子贡出身于富商家庭。据说他常常高车驷马游历各国，和国君接触，宣传他的老师，使孔子名扬各国。

一次，子贡到齐国去做客，齐景公接见了他。在谈话中，齐景公问子贡："先生，您的老师是谁？"

子贡回答说："我的老师是鲁国的仲尼。"

景公又问："孔仲尼是个贤明的人吗？"

子贡回答说："他是当代的圣人啊！岂止是个贤明的人呢！"

景公笑嘻嘻地说："他是怎么个'圣'法呢？"

子贡说："这个我也不知道。"

景公脸上变了颜色，说："刚才你说他是'圣'人，现在又说不知道，这是怎么一回事呢？"

子贡回答说："这也没什么奇怪的。打个比方说，我一辈子都头顶着青天，但我不知道天有多么高；我一辈子都踩着大地，但我不知道地有多么厚。我跟着孔子学习，就像渴了的人拿着水壶到江河灌水一样，喝满了肚子就走开，怎么能知道江河有多么深多么大呢？"

景公说："先生您夸老师仲尼，夸得有些过火了吧？"

子贡回答说："我哪敢言过其词呢？我觉得还没说到实处。我夸仲尼，就像两只手捧着一抔土加到泰山上，很明显，泰山不会因此而增高；假使我不夸仲尼，就好像捧走泰山上的一抔土，很明显，泰山也不会因此而降低。"

景公听完子贡的话，深表敬佩地说："先生您说得对，确实是这样啊！"

■故事感悟

子贡如此尊敬自己的老师，实在可贵。子贡颂师，体现了他对老师的尊重和礼待。我们也应该如此，每一个人都应该永远不忘自己的启蒙老师，终身保持尊师的品德。

■史海撷英

子贡问孔子

子贡向孔子请教："乡里的人都喜欢他，这个人怎么样呢？"

孔子回答说："不行啊。"

子贡又问:"乡里的人都憎恶他,这个人又怎么样呢?"

孔子说道:"也不行啊。最好是乡里的好人都喜欢他,而乡里的坏人都憎恶他。因为君子和小人的意趣一定相反,小人憎恶君子也就像君子憎恶小人一样。要想弄清真实的情况,取决于慎重地听取他人的意见。听取君子的话,就废止了小人的邪道;而听取小人的话,君子的正道就会消亡。人的才能和德行自古以来就少有能十全十美的,人如果有长处,也必定会有短处。倘若用其长处去弥补其短处,那么,天下就没有人不被使用了;倘若苛责人的短处而舍弃其长处,那么,天下人都将被弃而不能被用。再加上人的感情各有爱憎,旨趣各有同异,即使是像伊尹、周公这样圣明的人和像墨翟、杨朱这样的贤能者,如果去征求众人对他们的意见,谁能免去受讥刺和遭疑忌呢?"

■文苑拾萃

《论语》节选

(一)

子贡曰:"贫而无谄,富而无骄,何如?"

子曰:"可也。未若贫而乐,富而好礼者也。"

子贡曰:"《诗》云'如切如磋,如琢如磨',其斯之谓与?"

子曰:"赐也,始可与言《诗》已矣。告诸往而知来者。"

子曰:"不患人之不己知,患不知人也。"

(二)

子贡曰:"我不欲人之加诸我也,吾亦欲无加诸人。"

子曰:"赐也,非尔所及也。"

子贡曰："夫子之文章，可得而闻也；夫子之言性与天道，不可得而闻也。"

子路有闻，未之能行，唯恐有闻。

子贡问曰："孔文子何以谓之'文'也？"

子曰："敏而好学，不耻下问，是以谓之'文'也。"

（三）

子贡曰："如有博施于民而能济众，何如？可谓仁乎？"

子曰："何事于仁，必也圣乎！尧、舜其犹病诸！夫仁者，己欲立而立人；己欲达而达人。能近取譬，可谓仁之方也已。"

齐桓公礼遇乡人得众贤

齐桓公（？—前643），春秋时代齐国第15位国君。姜姓，名小白。他是齐僖公的孙子、齐襄公的次弟，其母为卫国人，春秋五霸之首。齐桓公于公元前681年在甄（今山东鄄城）召集宋、陈等四国诸侯会盟，他是历史上第一个充当盟主的诸侯。当时中原华夏各诸侯苦于戎狄等部落的攻击，于是齐桓公打出"尊王攘夷"的旗号，北击山戎，南伐楚国，桓公成为中原霸主，受到周天子赏赐。桓公晚年昏庸，信用易牙、竖刁等小人，最终在内乱中饿死。

春秋时，齐桓公在宫廷前点着火炬，随时准备接待四方人才。但明亮的火炬整整点燃了一年，却无人登门求见。

有一天，突然在宫廷外来了一位声称是京城东郊的乡下人，说是会九九口诀，要求接见。

桓公派人戏弄他说："九九口诀，末流小技，难道也值得来见国君吗？"

乡下人回答说："您说得很对，会九九口诀的人是不值得君主接见。但我看到，宫廷前的火炬整整点燃了一年，也没有人敢来求见。这是因

为君主是英明的，四方之士都认为自己比不上，因此都不敢求见。如果君主对只会九九口诀的人都能以礼相待，还怕四方之士不来吗？泰山之所以雄伟高大，是因为它不排斥任何一块小石子；江海之所以深邃莫测，是因为它不拒绝任何一条溪流。"

齐桓公听了以后，感激地说："太好了！太好了！"

他马上张灯结彩，用最隆重的礼节，接待了这位乡下人。

果然，不到一个月，四方之士接踵而来。

■故事感悟

齐桓公之所以能成为一代霸主，是因为他的能臣众多。而他信用贤能，礼待贤才，才使得那些贤能之人充分发挥自己的才能。可见，以礼对待贤能，才能使国家昌盛，社会安定。而齐桓公的这种礼仪，也为当今社会的管理者树立了鲜明的旗帜。

■史海撷英

葵丘会盟

桓公三十五年（公元前651年）夏，齐桓公在葵丘大会诸侯。

当时，周襄王派宰孔赐齐桓公文武胙、彤弓矢、大路（诸侯朝服之车），而且不要齐桓公下拜受赐。齐桓公见状，就想不拜，这时管仲说："不可。"于是桓公下拜受赐。到了秋天，齐桓公又和诸侯在葵丘相会，周派宰孔参加。这时，齐桓公变得越来越骄傲，诸侯中也出现不少背叛的。宰孔对晋侯说："齐桓公太骄傲了。"

这年，晋献公去世，晋国发生内乱，秦穆公立公子夷吾为晋君，齐桓公也出兵平乱。这时周朝衰微，只有齐、晋、楚、秦四国强大。晋国内乱，秦国偏远，楚王被视为蛮夷，齐桓公便成了中原的霸主。

　　齐桓公说："寡人向南打到召陵，望见熊山。北伐山戎、离枝、孤竹。西伐大夏，深入流沙之中。登上太行山，到卑耳山才返回。诸侯不要违背寡人。我三次联合诸侯出兵，六次和诸侯会盟，定襄王太子之位。说以前三王伟大，现在我和他们有什么两样吗？我想在泰山封禅。"

　　管仲劝说桓公，桓公不听。管仲又说，要得到远方的珍奇怪物才能封禅，桓公才不再考虑这件事了。

■文苑拾萃

咏齐桓公

佚名

不计前嫌用管仲，尊王攘夷齐桓公。
春秋五霸开先河，老马识途沙漠行。
多年征战德为重，解危济困传美名。
但惜临老宠奸佞，身死难葬遗话柄。

齐桓公

佚名

二子争国号父丧，因钩假死图谋强。
谦恭纳谏泯恩仇，唤醒靡靡兴大邦。

燕昭王高台重金求贤

　　燕昭王（公元前335—前279），战国时期燕国第39任君主，名职，燕王哙之子，太子平之弟，公元前311年至前279年在位。他本在韩国作为人质，燕王哙死后，被立为王。后广招贤才，励精图治，国力大盛。

　　燕国是战国七雄之一，都城在今天的北京附近。燕王哙即位后，进行政治改革，发愤图强，国家逐渐强盛起来。不过，他也有个毛病，就是喜欢人家奉承他，爱戴高帽子。于是一些野心家就利用他这个弱点，钻他的空子。

　　燕国有个大臣，叫子之，精明能干，办事果断，燕王哙挺信任他，叫他当了相国。但是子之得寸进尺，野心勃勃，竟然想夺取燕哙的王位。他指使人对燕王说："尧、舜为什么会成为有名的帝王呢？就因为他们不把王位传给子孙，而是'禅让'给贤人。大王已经建立了伟大的功业，如果再能把王位'禅让'给子之，那可真能光照千秋啊。"

　　子之不过是让人试探一下，没想到燕哙听了这话，一心想博得尧、舜的美名，真的把国家大权全部交给了子之。子之大权在握，就倒行逆施，胡作非为起来，把个好端端的燕国搞得乱糟糟的。燕哙这时候已经成了傀儡，眼睁睁地看着国家衰败下去，后悔也来不及了。不久，燕国发生内乱，齐宣王乘机派兵打了进来，于公元前314年一举灭了燕国，子之、燕王哙都死在乱军之中。

齐国的军队在燕国烧杀抢掠，无恶不作，燕国的人民不愿做亡国奴，纷纷起来反抗。他们找到燕哙的儿子职，拥戴他为国君，这就是燕昭王。正好这时候，齐宣王死了，齐国的军队在燕国到处挨打，待不下去，就退走了。

燕昭王看到国家遭到很大破坏，田园荒芜，民生凋敝，非常痛心。国破家亡的惨痛教训时时激励着他，他一心想要重建燕国，报仇雪恨。他即位后，吊唁那些作战而死的将士，慰问那些失去父亲的孩子。他还放下君王的架子，带着丰厚的聘金，到燕国贤者郭隗家去求教："齐国乘我们内乱来袭击，攻城略地，害得燕国满目疮痍。我知道现在还不能马上报仇，但是我愿意招贤纳士，共同治理好国家，将来一雪先王之耻。您看我该怎样对待贤才呢？"

郭隗说："称帝的君主，和师傅交往；称王的君主，和朋友交往；称霸的君主，和臣下交往；亡国的君主，和仆役交往。卑躬屈节地尊敬贤人，拜贤人为师，这样做，胜过自己百倍的人才就会来；在贤人前边恭恭敬敬地带路，贤人坐下休息了，然后才落座，虚心请教，这样做，胜过自己十倍的人才就会来；让贤人在前面走，自己跟在后面走，这样做，与自己水平相似的人才就会来；胳膊倚在桌子上，手里拿着拐杖，斜眼看人，用手比比画画地支使人，这样做，仆役奴婢就会来；吹胡子瞪眼，举手就打，动脚就踹，张口就骂，这样做，囚徒罪犯才会来。这是自古以来尊敬贤士、招揽人才的法则。大王您如果能广选贤才，登门拜访，那么天下的贤才就都会到来了。"

燕昭王问："那么我先登门拜谁为师合适呢？"

郭隗说："我听说古代有一位君王，想得到一匹千里马，悬赏1000两黄金，可是3年也没得到千里马。这时有一个在宫中做杂役的人对君王说：'我替您去寻求千里马。'于是他带着1000两黄金出去找千里马。3个月后，找到了一匹千里马，可是马已经死了。这个人就用500两黄金买下了马头，回来向君王交差。君王大怒：'我让你买活马，你怎么花500两黄金买回一匹死马的脑袋？'这个人说：'死马还用500两黄金买下，何况活马呢？这回天下人一定会认为大王您舍得花钱买千里马了。等着吧，千里马就要来了。'不到一年，这位君王果然得到了3匹千里马。大王现在如果诚心诚意招揽贤士，就先从我郭隗开始吧！连郭隗这样的人都奉若上宾，何况比我贤明的人呢？他们肯定会不远千里来投奔大王的。"

于是燕昭王给郭隗修筑了一所豪华宅院，并拜他为师。又在都城外兴建一座高台，上面放着1000两黄金，专门用来接见贤才。

这件事一传开，天下贤士都汇集到燕国来了。齐国的邹衍是一位大学者，对阴阳地理很有研究。他到燕国来讲学的时候，燕昭王用双手抱着人扫帚，一步一步地后退，把道路扫干净，好让邹衍安安稳稳地迈步前行。邹衍讲学，燕昭王亲自坐在听课席上，与弟子们一同听讲。他又为邹衍修了一座碣石宫，让他住在宫中，燕昭王多次前去拜访请教。乐毅从魏国来，本来是为魏国出使燕国。燕昭王待如上宾，乐毅深受感动，愿为燕效力。后来，燕昭王听从乐毅的计谋，联合赵国、楚国、魏国，合谋伐齐，委任乐毅为上将军，长驱直入进攻齐国。乐毅率军接连攻克齐城70多座，并攻克了齐都临淄，齐国只剩下即墨和莒两地。燕昭王终于报了齐国乘乱袭燕这个仇。

与此同时，燕国将领秦开击退东胡，向东扩展，设立了上谷、渔阳、右北平、辽西、辽东等郡，国势大盛。

燕昭王在危难中没有自暴自弃，没有不思进取，而是下决心兴国雪耻。他礼贤下士，听从郭隗建议，千金求士，终于招来了众多的杰出人才，复兴了国家。这一事例再次告诉我们，统治者只有爱才惜才，重用人才，才能天下大治。

■史海撷英

乐毅辅佐燕昭王励精图治

乐毅是战国后期杰出的军事家，被拜为燕国的上将军。乐毅倾全力协助燕昭王改革内政、整顿军队。首先，针对燕国法度破坏、官吏营私的严重局面，乐毅教燕昭王制定法律，严厉法制，加强对官吏的审查和考核；其次，确定察能而授官的用人原则，摈弃"亲亲""贵贵"的择人传统，从而廓清了奸臣贼子当权时拉帮结党、滥用亲信的劣迹，使燕国的吏治日趋清明；再次，他建议昭王对那些遵守国家法度的顺民，包括身份低下的贫民和一部分奴隶，都以一定制度予以奖励，以安定社会秩序。在军事上，乐毅还着重进行了战法和纪律训练，从而快速提高了燕国军队的战斗力。

■文苑拾萃

雁门太守行

（唐）李贺

黑云压城城欲摧，甲光向日金鳞开。
角声满天秋色里，塞上燕脂凝夜紫。
半卷红旗临易水，霜重鼓寒声不起。
报君黄金台上意，提携玉龙为君死。

魏文侯虚心求教段干木

魏文侯（公元前472—前396），姬姓，魏氏，名斯，一曰都。战国时期魏国的开创者。公元前445年，魏文侯即位。公元前403年，韩、赵、魏被周王与各国正式承认为诸侯，成为封建国家。他在位时礼贤下士，师事儒门子弟子夏、田子方、段干木等人，任用李悝、翟璜为相，乐羊、吴起为将。魏文侯任用李悝主持魏国的变法工作和法制建设，影响了中国政治2000年。后来的秦国献公、孝公和商鞅变法都是以魏国的变法为蓝本的。魏文侯拜子夏为师，把儒家的地位提到了从来未有的高度，达到了收取人心的政治目的，是后世帝王尊儒笼络知识阶级的始作俑者。

春秋末期，著名政治家魏文侯建立了魏国。为了富国强兵，他四处搜罗人才，选贤任能。他听说有一个叫段干木的马匹交易商人很有政治才干，但就是不喜欢做官。他觉得这样的人在民间不能发挥作用，对国家是个损失，于是决心请段干木出来帮他治理国家。

一天，魏文侯带着两个随从乘车去请段干木。离段干木的家还有好远时，文侯就下了车。为了不惊扰贤士，他让随从们在院外等候，自己毕恭毕敬地走到段干木的门前，轻叩门环问道："段先生在家吗？魏斯求见。"

谁知，段干木一听魏文侯要见自己，非常反感，心想：还不是故作姿态，沽名钓誉？不见也罢！于是段干木同家人打了个招呼，便从后门走了。

魏文侯没想到，自己一片真情却遭到这样的冷遇，心中一时很生气。但转念一想，反觉得段干木不像有些人那样趋炎附势，不禁又生出几分敬意。以后每当魏文侯外出，路过段干木的住所时，总是垂首弯腰扶轼向段干木的住所致敬。

日子一久，随从们感到非常奇怪，于是就问魏文侯："尊敬的国君，段干木只不过是一个普通的商人，您亲自去拜访他，就算是对他最高的礼遇了，他反而躲着不见您，您不怪罪他也就罢了，为什么还要向他的住所致敬呢？"

文侯非常严肃地说："段干木是一个贤能、高尚的人。他有卓越的才能，但不追逐名利，这样的人我怎能不敬重呢？"

这些话后来传到了段干木的耳朵里，他很受感动，心想：魏文侯和别的国君是不一样，他来请自己确实是真心实意的。段干木不禁为自己错怪魏文侯而自责。

过了一段时间，魏文侯又去求见，段干木很高兴地请魏文侯进屋。但当文侯提出要请他出任相国时，他一口拒绝了。文侯反复动员，讲了好多道理，段干木还是不答应。魏文侯心想：凡事不能强求，他不愿去做官，我来请教就是了。

一天，魏文侯登段干木的家门求教来了。他恭恭敬敬地向段干木请教治国良策，段干木也不客气，把自己的看法、想法全都讲了出来，从立国之本讲到为君之道，其见地鞭辟入里。魏文侯听得入了迷，就像小

学生听老师讲课一样，毕恭毕敬地肃立在段干木面前，认真地体会其中的道理。

段干木越讲越带劲儿，竟然忘记了时间，从上午一直讲到夕阳西下。魏文侯在那里聚精会神地听着，一动不敢动，他怕打断了段干木的思路，听不到金玉良言。

就这样，魏文侯诚心地拜段干木为师，经常登门求教。

■故事感悟

魏文侯为得治国安邦之策，虚心向贤士求教，他的谦逊之德、爱才之心也终于为他赢得了贤能之士。这正说明"敬人者，人恒敬之"。国君礼贤下士，必然会有众多的士人忠心为国。

■史海撷英

魏文侯期猎

战国时期，魏国的开国国君魏文侯是个很讲信用的人，因此也赢得了朝中大臣和天下百姓的爱戴。

有一天，魏文侯与管理山林的人约好次日午时到狩猎场打猎。结果第二天，天突然下起了大雨。早朝后，魏文侯得知国力已经逐渐强盛，心情相当舒畅，于是就下令摆上酒宴款待群臣。酒过三巡，大家都喝得兴高采烈，酣畅淋漓，突然魏文侯带着几分醉意问道："午时快到了吧？"

左右回答："是。"

魏文侯急忙命令左右撤下酒席，并叫人备车赶往郊外的狩猎场。大臣们一听，都齐声劝说道："今天喝酒这么欢乐，而且天又降大雨，不能打猎，大王又何必冒着大雨白白跑一趟呢？"

魏文侯回答说："我已经与人家约好了，现在他们一定在郊外等我呢。现在虽然很快乐，但怎么可以不坚守约定的打猎时间呢？"魏文侯于是驱车前往，亲自去取消这次打猎。

■文苑拾萃

春秋战国门魏文侯

（唐）周昙

冒雨如何固出畋，虑乖群约失乾乾。

文侯不是贪禽者，示信将为教化先。

秦始皇礼拜荆条祭恩师

秦始皇（公元前259—前210），名政，姓赵氏，秦庄襄王之子。他出生于赵国首都邯郸（今河北省邯郸市），是中国第一个封建王朝——秦王朝的开国皇帝，后人称之为"千古一帝"。秦始皇是中国历史上第一个使用"皇帝"称号的君主，对中国和世界的历史产生了深远的影响。

公元前215年的秋天，一天，秦始皇在文武群臣的护卫下，乘着车辇，浩浩荡荡地从碣石向东北的仙岛前进。随着均匀的马蹄声，秦始皇不觉陷入对往事的追忆中：回想起自己幼年的老师，仿佛他就在眼前。虽说严厉，可令人钦佩难忘。我嬴政能有今日，其中也有他的一份功劳呢。

那位威严的老人，第一次授课讲的就是舜爷赐给我们家的姓。他先分别讲了"亡，口，月，女，凡"，然后再合成一个"嬴"字。

第二天就要背写。"老师，这字太难写了。""什么？一个嬴字就难住了？将来秦国要你去治理，难事多着呢，能知难而不进吗？"说着就举起了荆条棍……

可惜自己已多年没见过这位老师，听说他老人家已经去世了。

突然，车停了。前卫奏道："仙岛离此不远，请万岁乘马。"

于是，秦始皇换乘了心爱的大白马。过不多时，他便到了岛上。

始皇环视渤海，胸襟万里，豪气昂然，更加思绪万千。待到他低头察看眼前，却忽然下马，撩衣跪拜起来。

随从的大臣们见此情景，莫名其妙，也只好跟着参拜。

等皇帝站起身来，大臣李斯才问他为何参拜。

秦始皇深情地说："众位卿家，此岛所生荆条，正是朕幼年在邯郸时老师所用的荆条。朕见荆条，如见恩师，怎能不拜？"

后来，人们就把这个岛称为秦皇岛。传说岛上的荆条为秦始皇敬师的精神所感动，皆垂首向下，如叩头答谢状。

▊故事感悟

为君王者，能够这样尊师念师，真是可敬可贵。古人曰："圣人之所在，则天下理焉。在右则右重，在左则左重，是故古之圣王未有不尊师者也。"尊敬老师，是一种最基本的礼仪。如果整个社会都能形成强烈的尊师重教的礼仪舆论，并使之成为一种社会风气，这必将成为文明社会的一种标志。

▊史海撷英

秦灭韩国

秦王嬴政在统一六国时，首先选择的攻击目标是赵国。因为当时赵国的实力在六国中是最强的，也是秦国走向统一的最大障碍。但是，赵国也并非不堪一击。秦军屡次进攻赵国，都被赵国击退了。

在用主力进攻赵国的同时，秦国还对韩国采取了扶植亲秦势力的方法，

以逐步瓦解韩国。公元前231年，韩国南阳郡"假守"（即代理郡守）腾，向秦国献出了他所管辖的属地。腾也被秦王嬴政任命为内史，后又派他率军进攻韩国。腾对韩国了如指掌，所以进展十分顺利，并于公元前230年（秦王政十七年）俘获了韩王安，韩国遂灭亡。

□文苑拾萃

秦始皇陵

秦始皇陵位于距陕西省西安市30公里的临潼区以东的骊山脚下。据记载，秦始皇从13岁即位起，就开始营建自己的陵园，并由丞相李斯主持规划设计，由大将章邯监工，修筑时间长达38年。其工程之浩大，气魄之宏伟，创历代封建统治者奢侈厚葬之先例。

秦始皇陵被发现于1974年。在陵墓的周围，环绕着著名的陶俑。这些与真人大小相似的陶俑可谓形态各异，即便是他们的战马、战车和武器，也都是完美的杰作，具有极高的历史研究价值。

秦始皇陵南依骊山的层峦叠嶂之中，山林葱郁；北临逶迤曲转、似银蛇横卧的渭水之滨。高大的封冢在巍巍峰峦环抱之中与骊山浑然一体，景色独秀。陵墓更是规模宏大，气势雄伟。陵园总面积为56.25平方公里（相当于78个故宫的大小）。陵上封土原高约115米，现仍高达76米。陵园内有内外两重城垣，内城周长3840米，外城周长6210米。内外城廓还有高约8至10米的城墙，今尚残留遗址。墓葬区位于南部，寝殿和便殿建筑群则在北面。

刘邦恭敬拜韩信

韩信（？—前196），古淮阴（今江苏省淮安市）人。他是西汉开国功臣，齐王、楚王、上大将军，后被贬为淮阴侯，是中国历史上伟大的军事家、战略家、战术家、统帅和军事理论家，中国军事思想"谋战"派代表人物，被后人奉为兵仙、战神。"王侯将相"韩信一人全任。"国士无双""功高无二，略不世出"，是楚汉之时人们对其的评价。

韩信因为项羽的不识才，打算投奔刘邦。于是他翻山越岭，历尽千辛万苦，终于来到汉营。

可是，刘邦也不知他的才干，只让他做了小小的连敖。过了一段时间，韩信与一些人在军中饮酒，触犯了军纪，按律当斩。刘邦命夏侯婴监斩，与韩信一起的其他十几个人都被斩了头。

轮到韩信时，他向天仰视，大声说道："难道汉王不想打天下了吗？为什么要杀壮士？"

夏侯婴听他谈吐不俗，又见他长得威武勇猛，就将他释放了，并把他叫过来和他交谈。经过谈话，夏侯婴才知道韩信是一个难得的人才，

于是就向刘邦举荐，提升他做了一名治粟都尉。

之后，韩信一有机会就与丞相萧何接触。萧何很赞赏他的政治和军事才能，曾多次向刘邦推荐他，说他有大将之才，要刘邦委之以重任。刘邦听了，并没把此事放在心上。韩信见状，心情十分郁闷。他想自己之所以前来投奔汉王刘邦，就是要干一番大事的。可现在空有一身韬略，却无从施展，又如何能甘心呢？思来想去，他决定先离开汉营，再作打算。于是他没有对任何人讲，便骑马离开了。

萧何听说韩信离营的消息，十分焦急。他来不及向刘邦汇报，就独自骑上一匹快马去追韩信。费了很长时间，终于追上了韩信，并言辞恳切地把韩信劝回汉营。回来之后，萧何又在刘邦面前力荐韩信。

刘邦见他如此坚持，只得同意让他当大将军。

萧何说："就这么着可不行。"

刘邦问："怎么还不行？"

萧何说："主公要懂得尊重人才——一个大将军，要任命这么一个职务，却像叫阿猫阿狗一样呼来唤去的，成何体统？所以像韩信这样的人就不愿意在您手下干。"

刘邦问："那你说要怎么办？"

萧何说："四个条件：第一择吉，要选一个黄道吉日；第二斋戒，要把什么酒、肉、美女先放到一边去，先吃三天素再说；第三筑坛，要专门建一个拜将坛；第四具礼，要把所有的礼仪都准备好，沐浴更衣，恭恭敬敬地拜他做大将军。"

刘邦这个人没什么文化，为人粗鲁，自己也没什么本事，但他确实有一个优点：能听得进意见，只要他认为是正确的就一定采纳。所以尽管萧何提出这些条件对刘邦而言不是很愿意接受，但他还是照办了。

于是，刘邦就择吉、斋戒、筑坛、具礼、沐浴，恭恭敬敬地拜韩信为大将军。

刘邦斋戒沐浴完，在祭坛上当着全军，毕恭毕敬地拜韩信为大将。其后，刘邦对韩信说："丞相多次向我推荐将军，还请将军多多指教。"

韩信说："如今能够与大王您争夺天下的，不就是项王吗？"

刘邦说："是的。"

韩信问刘邦道："大王您将自己和项羽比较一下，看看您在勇、悍、仁这几个方面能否比得过项王？"

刘邦沉吟许久，回答说："我很惭愧，自问一样都比不过他。"

韩信说："您自己承认，比不上项王。仅凭这一点，就说明您有自知之明，值得佩服。我原先曾追随项王，知道他的确很有威严，能使人镇服。但他为人刚愎自用，不能任用有才干的将领，所以他的威严不过是匹夫之勇罢了。他对人虽然恭敬仁爱，但也只是限于一些小的恩惠，临到该给人论功封赏之时，他又不能慷慨大度地行事，因而并不能真正收拢人心。项王现在虽然称霸天下，号令诸侯，但实际上并不能使各诸侯臣服，不听他命令的诸侯大有人在。再者，项王每攻到一处，就大肆烧杀抢掠，致使天下百姓都十分怨恨，总有一天他会失去民心，落个众叛亲离的下场的。"

刘邦急切地问："那么依将军之见，我们目前应该采取什么对策呢？"

韩信回答说："我们所要做的就是反项王之道而行之：任用勇敢能干的人才，把攻得的城邑都分封给立有军功的部下，严明军纪，安抚百姓。若能做到这些，大王您就可以收拢人心，赢来众多的支持。那时大王就拥有了比项王大得多的优势，还怕不能打败项王，赢得天下吗？"

韩信对时局的一番分析，让刘邦越听越高兴。韩信所言他完全赞

成，到现在他才意识到自己如果没听萧何的话，恐怕就失去这个难得的人才了。

从此以后，他对韩信言听计从，以礼相待，使韩信杰出的军事才能得以淋漓尽致地发挥。几年间，韩信攻城略地，屡建奇功，从没有打过败仗，为灭楚建汉立下了不朽功勋。刘邦曾高度评价他说："连百万之军，战必胜，攻必取，吾不如韩信。"

□故事感悟

对待贤能只有以礼待之，贤能才能将自己的能力发挥到极致，以死效忠。只有从思想观念到具体行动上尊重人才、爱护人才，使全社会形成一个尊重知识、尊重人才的良好环境，形成足够强大的人才队伍，才能使国家立于不败之地。

□史海撷英

潍水之战

潍水之战是楚汉战争中，韩信巧妙利用潍水（今山东潍河）歼灭楚齐联军的一次进攻作战。

汉王三年（公元前204年）九月，韩信率领汉军东击齐王田广，以完成对楚军的翼侧迂回，支援成皋战场。次年十月，韩信又袭破齐军，进占齐国的首都临淄（今山东淄博东北）。田广败走高密（今山东高密西南），向楚国求救。

于是，楚国的项羽派将军龙且率军救援齐国。十一月，楚齐联军20余万与汉军数万对峙于潍水两岸。韩信鉴于敌众己寡，便命令部队乘夜在潍水上游以沙袋垒坝塞流。拂晓后，韩信又亲率一部分兵力渡河进攻，随后又佯败退回西岸。龙且以为汉军怯弱，便率军渡河追击。

这时，汉军乘龙且渡河决坝，使得河水直下，将楚军分割在潍水两岸。汉军乘势迎击西岸楚军，并杀死龙且。东岸联军见势也快速溃散。汉军乘胜追歼，捉住了田广，平定了齐地。汉军在北方战场取得的决定性胜利，直接威胁到了项羽的统治中心，为转入战略反攻奠定了基础。

■文苑拾萃

韩　信

黄庭坚

韩生高才跨一世，刘项存亡翻手耳。

终然不忍负沛公，颇似从容得天意。

成皋日夜望救兵，取齐自重身已轻。

蹑足封王能早寤，岂恨淮阴食千户。

虽知天下有所归，独怜身与哙等齐。

蒯通狂说不足撼，陈豨孺子胡能为。

予尝贳酒淮阴市，韩信庙前木十围。

千年事与浮云去，想见留侯决是非。

丈夫出身佐明主，用舍行藏可自知。

功名邂逅轩天地，万事当观失意时。

汉明帝尊师成美德

汉明帝刘庄（28—75），字子丽，庙号显宗，东汉第二位皇帝。建武十九年（43年）立为皇太子，中元二年（57年）即皇帝位。明帝即位后，一切遵奉光武制度。

东汉的汉明帝刘庄十分尊敬老师。刘庄为太子时，光武帝为他选定一位叫桓荣的老师，为刘庄讲解经义，封他为太子少傅。当时贵为太子的刘庄十分讲究礼仪，恭恭敬敬地听从老师的教诲，虚心学习，刻苦攻读，几年之后便成为当时出色的经学家，并早成大器，当上了皇帝。

刘庄并没有因为自己当了皇帝，成为一国之尊而骄横，相反，对老师更是毕恭毕敬。

因老师桓荣年迈，刘庄便免去他上朝奏事的礼节，让桓荣在家休养，并经常带着大臣们去桓荣家听课。在繁华的洛阳城内，常会出现这样的景象：宽敞的街道上，行人和车辆纷纷闪出一条路，然后有一辆高大、宽敞、华丽的彩色马车从中直驱而过；车后又跟着一支长长的队伍，浩浩荡荡向桓荣家驶去。老百姓们对圣驾都投以尊敬、钦佩的目光，并纷纷赞叹：自古以来，哪里有这样的皇帝，亲自驱车到老师家求学的？

为了不惊动桓荣，每当马车临近桓荣家的时候，明帝便下令停车，步行进入老师家的小巷。

桓荣得知皇帝驾到，便赶紧整理好衣帽，到门外恭候，以行君臣之大礼。但汉明帝每次都是连连摆手说："岂敢，岂敢，请老师免礼。"然后，亲自搀扶老师进入府中，让老师上座；并叫大臣们在桓荣面前摆设案几，让文武百官站在桓荣面前，以表对老师的尊敬与关心；然后自己则像小学生一样捧着经书，全神贯注地听桓荣老师传授知识。

休息时，刘庄亲自捧着在皇宫特为老师做的点心，恭敬地送到老师面前，请桓荣食用。讲课结束后，刘庄便带着文武百官向老师行礼告辞。除此之外，刘庄还经常为桓荣解决各种生活困难，为他提供一切方便。

永和五年（140年），桓荣老师身患重病，刘庄多次去老师家看望。每次来都是小步跑到老师的病床前，怀着沉痛的心情，诚恳耐心地安慰老师，祝愿老师早日康泰，并叮嘱有关大臣经常到老师家帮助老师料理家事。

事过不久，刘庄得知桓荣病故的噩耗，悲痛万分，不顾圣驾的尊严，不顾大臣的劝阻，脱下龙袍，穿上丧服，亲自到桓荣老师家为之吊孝送葬。同时把周朝高士伯夷叔齐墓葬首阳山的一块要地赏给桓荣作墓地，并赞扬其老师说：桓荣老师的品德高尚、学识渊博，可以和古代贤人相媲美。

■故事感悟

汉明帝尊师的故事是中华历史尊师中最有名的故事之一。中国是礼仪之邦，尊师重教是在中国延续了几千年的传统美德。古人有云："国将兴，

必贵师而重傅。"足见教师的重要与伟大。尊师，以实际行动礼待老师，这是汉明帝做到的，也是需要我们做到的。

■ 史海撷英

汉明帝平西域

汉明帝允许北匈奴与汉朝互相进行商业交往的要求，却并没有消除北匈奴的寇掠，反而动摇了早已归附的南匈奴。无奈之下，汉明帝只得改变光武时期息兵养民的策略，重新对匈奴开战。

永平十六年（73年），汉明帝命窦固、耿忠征伐北匈奴。汉军进抵天山，击呼衍王，斩首级千余，追至蒲类海（今新疆巴里坤湖），取伊吾卢地。其后，窦固又以班超出使西域，此后西域诸国皆遣子入侍。自王莽始建国元年（9年）至此，西域与中原断绝关系65年后，又恢复了正常交往。次年，汉朝又复置西域都护。班超以36人征服了鄯善、于阗诸国。

■ 文苑拾萃

吕氏春秋·劝学（节选）

吕不韦

二曰：先王之教，莫荣于孝，莫显于忠。忠孝，人君人亲之所甚欲也；显荣，人子人臣之所甚愿也。然而人君人亲不得其所欲，人子人臣不得其所愿，此生于不知理义。不知理义，生于不学。

学者师达而有材，吾未知其不为圣人。圣人之所在，则天下理焉。在右则右重，在左则左重，是故古之圣王未有不尊师者也。尊师则不论其贵贱贫富矣。若此则名号显矣，德行彰矣。

故师之教也，不争轻重尊卑贫富，而争于道。其人苟可，其事无不可。

所求尽得，所欲尽成，此生于得圣人。圣人生于疾学。不疾学而能为魁士名人者，未之尝有也。

疾学在于尊师。师尊则言信矣，道论矣。故往教者不化，召师者不化；自卑者不听，卑师者不听。师操不化不听之术，而以强教之，欲道之行、身之尊也，不亦远乎？学者处不化不听之势，而以自行，欲名之显、身之安也，是怀腐而欲香也，是入水而恶濡也。

石勒重教敬师好学

石勒（274—333），即后赵明帝，字世龙，原名匐勒，上党武乡（今山西省榆社）人。他是出身最低微的国君，羯族人。幼年时与同乡在洛阳做小贩，打零工。20岁时被人卖到山东为奴隶，后与汲桑聚众起义，不久投奔刘渊，被封为大将。他重用汉族失意知识分子张宾，并联合汉族官僚，发展割据势力。319年，自称赵王，建立政权，史称后赵。他曾是五胡十六国之中神气十足的一位君主。他东征西讨，使后赵王朝的疆土日拓，称霸于北方，在位14年间，促进了各民族的大融合。

晋国时期，晋元帝即位的第二年，匈奴的汉国国主刘聪病死，汉国内部发生了分裂。在这场反晋战争中，大将石勒迅速扩大了自己的势力，自称为赵王。

石勒是羯族人，家族世代是部落的小头目。石勒年轻时，并州一些地方发生了饥荒，石勒与部落失散了，后来还给别人做过奴隶、佣人等。一次，他被乱兵抓住，关在囚车里。碰巧车旁有一群野鹿跑过，乱兵纷纷去追捕野鹿，他才趁机逃跑。

石勒受尽磨难，无奈之下，只好招集一群流亡的农民，组织了一支起义队伍。刘渊起兵后，他投降了汉朝，在刘渊的部下当了一员大将。石勒不识字，但他从小就受过汉族文化的教育，因此在任大将后，也渐渐明白了要成就大业光靠有武力是不行的。于是他拜了一位汉族的士人张宾为师，学习治国道理；还收留了一大批北方汉族中的贫苦读书人，组织了一个"君子营"，虚心向他们求教。由于他骁勇善战，又有张宾等一大批谋士、老师帮他出谋献策，石勒的势力也日益强大起来。两年后，他在襄国自称皇帝，改国号为后赵。

石勒虽然自己没文化，但十分重视读书人和尊重教书的先生。称帝后，他命令部下，凡是遇到读书人和有学问的先生，一定要请到襄国来。他还采用了张宾等人的意见，设立学校，将他的部下将领的孩子都送到学校里读书学知识。他还建立了保举和考试制度，从全国各地招贤纳士；凡是保送上来的人经过评定，合格的就会给予官职。

石勒自己也特别喜欢学知识，他自己不识字，就请一些读书人和老师拿着书讲给他听。他一边听，一边思考，没有一点儿架子，还随时根据内容发表自己的意见。

有一次，他让人给他读《汉书》。当听到有人劝汉高祖刘邦封旧六国贵族的后代的时候，他说："刘邦采取这种错误做法，怎么能得到天下呢？"

讲书人马上给他解释："后来由于张良的劝阻，汉高祖并没有这样做。"石勒才点点头说："这才对呀！"

■故事感悟

石勒重用人才，敬师好学，以行动去礼遇学者与老师，所以在政治上比较开明，后赵初期才出现了兴盛的景象。这种礼遇学者的精神是我们中华民族的传统美德。

石勒求贤纳谏

有一次，石勒想到襄国的近郊去打猎，主簿程琅劝他不要去，并举了孙策行猎遇刺的例子告诫他："即使是枯木朽株，也能为害。"石勒认为这是书生之言，不听，还是去行猎了。在行猎时，突然所骑的马触木而毙，石勒自己也差点丧命，因此非常懊悔没有听信忠臣之言。回来后，石勒立即封程琅为关内侯，并赐给他朝服锦绢等物。由此，"朝臣谒见，忠言竞进"。

到了太和二年（329年），石勒在巡行州郡时，又引见了高年、孝悌、力田、文学之士，赐予谷帛之类的物品；并令刺史太守宣告所属，凡是有意见要说的，不要隐讳不说，朝廷现在正希望听到忠言谠论啊！建平二年（咸和六年，331年）三月，石勒将营建邺宫，准备迁都于此，而廷尉续咸上书切谏。石勒大怒，要杀了他。徐光力救，劝石勒不可因为直言就杀害列卿。石勒叹息地说："为人君，不得自专如是！岂不识此言之忠乎，向戏之耳！"虽然石勒停建邺宫是暂时的，但他还是赐予续咸绢百匹、稻百斛，作为对他直言进谏的奖赏；并且借此机会下令与公卿百僚，每岁推荐贤良方正、直言秀异、至孝廉等各一人。所考试的答策为上第者拜官为议郎，中第者为中郎，下第者为郎中，并令"其举人得递相荐引，广招贤之路"。

唐太宗剪美髯为老臣配药

李勣（594—669），原姓徐，名世绩，字懋功（亦作茂公），曹州离狐（今山东东明一带）人，唐代政治家、军事家。因唐汉高祖李渊赐姓李，故名李世勣。后因避唐太宗李世民讳，遂改为单名勣。后被封为英国公，是凌烟阁二十四功臣之一。在唐朝甚至在中国的历史上，李勣都可以说是一位极富有传奇色彩的人物。他出将入相，位列三公，极尽人间荣华。历事唐汉高祖、唐太宗、唐高宗三朝，深得朝廷信任和重任，被朝廷倚之为长城。

李勣是瓦岗军的英雄和谋士，是建立唐朝的功臣。唐王朝统一后，他又是北抗突厥、征辽战争中的主将和统帅。唐太宗去世后，他成为辅佐老臣。他的忠诚和品德得到了太宗和高宗的敬重。

贞观十五年（641年），李勣在反击延陀的战争中突然患了急病。医生说，这种病需要用胡须烧成的灰来治疗。

唐太宗得知后，亲手剪下自己的美髯，烧成灰，用来和药，为李勣治病。

李勣知道后，感动至极，病刚好就去拜见唐太宗："顿首泣血，泣

以恳谢。"

唐太宗却说:"我是为了整个国家着想,有什么可感谢的呢?"

还有一次,在宫宴中,唐太宗把太子托付给李勣,诚恳地对李勣说:"我把幼子托付给你,因为我再三思索,除了你,再没有更合适的人了。以前你没有辜负李密,今后你也一定不会辜负我的!"

听了这番话,李勣十分感动,泪流满面,将手指咬出血来,表示出辅佐幼主的决心。

在这次宴会上,李勣喝得酩酊大醉,沉睡不醒。唐太宗怕他身体受凉,就脱下自己身上穿的衣服给李勣盖上。

■故事感悟

建立"贞观之治"丰功伟绩的唐太宗,能够在当时形成"君臣坐而论道共治天下"的局面,就是因为他对每个贤能都很敬重,以礼待之,所以贤能才能尽其言。这种对贤能的爱护和礼遇是值得我们当今管理者去学习的!

■史海撷英

永徽之治

永徽之治是指唐高宗李治统治时期的一段盛世。唐高宗李治共在位34年(649—683年),前6年国号为永徽。高宗刚刚即位时,曾继续执行太宗制订的各种政治经济制度,并由李勣、长孙无忌、褚遂良等贤臣共同辅政。他们君臣都牢记太宗的遗训遗嘱,奉行不渝,训令纳谏、爱民。高宗即位时,也曾对群臣宣布:"事有不便于百姓者,悉宜陈,不尽者更封奏。"并每天都引刺史入阁,向他们询问百姓的疾苦;同时高宗还训令崇俭,诏令："自京官及外州有献鹰隼及犬马者罪之。"高宗君臣们萧规曹随，照太宗时法令执行。故永徽年间，边陲安定（击败西突厥的进攻），百姓阜安（人口从贞观年间的不足300万户，增加到380万户），有贞观之遗风，史称"永徽之治"。

□文苑拾萃

李 勣

佚名

啸聚声名壮，宏图乱世酬。
沙场少奇策，廷庙尽阴谋。
且向娥眉拜，争知子弟休。
评书千载下，宜配武乡侯。

赵匡胤礼待恩师

宋太祖（927—976），即赵匡胤，涿州（今河北涿州市）人，宋王朝的建立者。他出身军人家庭，948年，投于后汉枢密使郭威幕下，屡立战功。951年，郭威称帝，建立后周，赵匡胤任禁军军官。周世宗时官至殿前都点检。周世宗柴荣死后，恭帝即位。建隆元年（960年），他以"镇定二州"的名义，谎报契丹联合北汉大举南侵，领兵出征，发动陈桥兵变，黄袍加身，代周称帝，建立宋朝，定都开封。

宋太祖赵匡胤出身于一个官僚家庭。他的父亲是后唐骑兵中一个中级指挥官。赵匡胤出生的时代，正值政局混乱的五代时期。

那时，出于战争的需要，人们普遍崇尚武术，轻视读书。赵匡胤小时候就和一般公子哥不同，既崇武，又重文。7岁时入了私塾读书，学习非常刻苦，成绩总是名列前茅。他的老师叫辛文悦，是个知识渊博的人。老师特别喜欢他，他也十分尊敬老师。

那时候，学生常常捉弄老师。有一天，劳累的辛老师竟趴在书案上打起盹儿来。两个好恶作剧的学生偷偷地溜出教室，从后园中捉了只螳螂放在了辛老师的肩头上。螳螂舞动着长腿，一步步向上爬着，眼看着就要爬到辛老师的脖领里。

学生们不再读书，新奇地看着，不时地发出"嘻嘻"声。赵匡胤看到学生这样不尊重老师，十分气恼，狠狠瞪了那两个学生一眼；接着便轻手轻脚地来到老师跟前，把螳螂捉了下来。

恰巧这时候老师醒了，看见赵匡胤手里捏着只螳螂，以为他在捣蛋，非常生气，冲着他喊："真乃顽童，岂能容汝。去也！"

赵匡胤什么也没说，流着眼泪退出课堂。

后来，辛老师从别的学生嘴里得知真相后，心里很不平静。他把赵匡胤叫到身边赔罪说："汝无错，师之过也！"

从此，辛老师更加器重赵匡胤，赵匡胤也更加刻苦学习。他跟辛老师学了很多别人学不到的知识。

陈桥兵变后，赵匡胤当了皇帝。做皇帝后，他没有忘记恩师，派人把老师接到朝中。辛老师一见当朝皇帝，就要行君臣大礼，赵匡胤忙跪着拦道："愧煞我也，学生理应拜先生！我永远是您的学生啊！"辛老师感动得热泪盈眶，决定应赵匡胤之邀，留在朝中，效忠大宋王朝。

■故事感悟

老师之所以受到特别的尊重，是因为老师对于一个人赖以安身立命和处世的"才""德"有重要的造就培育之功。一个人在成长过程中，除了受父母的教养外，主要靠老师的教导和栽培，是老师教授学业、技能及为人处世的行为规范，使自己一生受益。所以古人说："人之常尊，曰君，曰父，曰师，三者而已……君之于臣，父之于子，力有所不及处，赖师之教尔，故师之德配君父。"

□史海撷英

雪夜定国策

宋朝刚刚建立时，所统治的地方只有黄河、淮河流域一带。当时，宋的北面是北汉和契丹，西面是后蜀，南面是荆南、南唐、南汉、吴越等国家。每个国家都有独立的势力，而且都在窥视着宋朝的态度。在这种虎视眈眈的情况下，大宋是不可能高枕无忧的，必须将这些小国或外族消灭或制服，才能完成统一天下的大业。

在一个大雪纷飞的夜晚，赵匡胤与宰相赵普进行了一场意义重大的对话。

赵普问道："夜深天冷的，陛下为什么还出来？"

赵匡胤回答道："我睡不着啊！一榻之外，都是别人家的天下，所以特地来见见你。"

赵普说："陛下是否觉得自己的天下过于狭小？南征北伐，一统天下，现在是极好的时机，不知陛下在进军方向问题上是怎样考虑的？"

赵匡胤故意说："我想先攻打北汉国都太原。"

赵普沉默良久之后，说："这我就不明白了。"

赵匡胤问："为什么？"

赵普分析道："北汉有契丹为后援，攻之有害无利，即使灭亡了北汉，又要独自承担契丹的强大压力；倒不如先保存北汉，以为阻隔契丹的屏障，集中力量剪灭南方各国，然后再转为北方。"

赵普的话，使赵匡胤最后确定了"先南后北""先易后难"的战略方针。

为选良才延试期

苏辙（1039—1112），字子由，眉州眉山（今属四川）人。嘉祐二年（1057年）与其兄苏轼同登进士科。神宗朝，为制置三司条例司属官。因反对王安石变法，出为河南推官。哲宗时，召为秘书省校书郎。元祐元年（1086年）为右司谏，历官御史中丞、尚书右丞、门下侍郎。因事忤哲宗及元丰诸臣，出知汝州、再谪雷州安置，移循州。徽宗立，徙永州、岳州复太中大夫，又降居许州，致仕。晚号颍滨遗老。卒，谥文定。唐宋八大家之一，与父苏洵、兄苏轼齐名，合称三苏。

苏东坡与弟苏辙参加考试那一年，一切准备就绪，可没想到，临近考期，弟弟病了，不能如期参加考试。

当时的大丞相韩琦十分珍惜人才，知道苏辙的病况后，上奏皇帝宋仁宗，说明今年的举子中最有声望的是苏轼、苏辙兄弟。现在苏辙偶有疾患，不能如期入试。像这样素负盛名的难得之才，有其中之一被漏掉，会使大多数人失望。因此请求将试期后延，等苏辙病好后再举行。仁宗皇帝同意了丞相的意见。

丞相几次派人来询问病况，等苏辙病愈以后，才宣布开始进行考试，

这比正常考期后延了20日。从此以后，八月中旬的试期就改在九月了。

■故事感悟

为了选拔贤能，韩琦毅然做了推迟试期的决定，充分体现出对贤能的敬重。对待贤能就应该如对待长者或老师那样有礼，因为他们很可能会成为国之栋梁。

■史海撷英

苏辙古文写作的主张

在古文写作方面，苏辙一直坚持自己的主张。在《上枢密韩太尉书》中，他说："文者，气之所形。然文不可以学而能，气可以养而致。"他认为，"养气"既在于内心的修养，但更关键的是依靠丰富的生活阅历。因此，他赞扬司马迁"行天下，周览四海名山大川，与燕、赵间豪俊交游，故其文疏荡，颇有奇气"。

苏辙的文章风格既江洋淡泊，也有秀杰深醇之气。比如他的《黄州快哉亭记》，融写景、叙事、抒情、议论于一体，在汪洋淡泊之中又贯注着不平之气，鲜明地体现了作者的散文风格。

■文苑拾萃

奉同子瞻荔支叹

苏辙

蜀中荔支止嘉州，余波及眉半有不。

稻糠宿火却霜霰，结子仅与黄金侔。

近闻闽尹传种法，移种成都出巴峡。

名园竞撷绛纱苞，密清琼肤甘且滑。

北游京洛堕红尘，吞笕白晒称最珍。

思归不复为蓴菜，欲及炎风朝露匀。

平居著鞭苦不早，东坡南窜岭南道。

海边百物非平生，独数山前荔支好。

荔支色味巧留人，一管年来白发新。

得归便拟寻乡路，枣栗园林不须顾。

青枝丹实须十株，丁宁附书老农圃。

第三篇
为人做事尽显礼仪

钟仪被囚仍执国礼

范文子(？—前574)，名燮，晋国大臣士会之子。由于士会在晋国政坛长达40年的经营，使范氏成为晋国几个强大的家族之一。范文子继承了他父亲的不少品德，为人更显敦厚与耿直，更具长者风范。

楚伐郑一战，楚人钟仪被俘，被郑人献给了晋国。晋人把他囚在军府中(储藏军器的地方)。

过了两年，晋侯到军府去，见到被囚禁的钟仪。他仍旧戴着故乡楚国的帽子，他的行为礼仪仍旧保持着楚国礼仪。于是晋侯问道："南冠(戴着南方楚国式的帽子)而执(拘禁)者谁也？"

有司回答道："郑人所献楚囚也。"

晋侯问明钟仪是个伶人，于是让他弹琴。他奏出的也是楚国的音乐。

范文子赞赏说："楚囚，君子也。"并建议放了钟仪，以合晋楚之好。

晋侯采纳了范文子的意见，放了钟仪。

■故事感悟

楚人钟仪怀念故国，这完全从他不忘故国的礼仪中体现出来。可见，礼仪

对于一个国家来说是不可或缺的重要保障！这是对礼仪的一种升华，更是对礼仪的精确诠释！我们也许做不到像钟仪那样，但我们在平日生活中要"一日三省"，处处有礼。

范文子忧国

公元前575年，晋国与楚国为了争夺中原的霸权，在鄢陵（今河南省鄢陵县）发生了一场大战。最终，晋国打败了楚国。

在胜利面前，晋国君臣都开始有些飘飘然了。只有范文子没有丝毫高兴之感，反而显得更加忧心忡忡，认为整个国家其实正处于灾难的边缘。他甚至希望自己快一点死去，一死百了。

从鄢陵回国后，范文子就对自己族中主持祭祀的人说："君骄侈而克敌，是天益其疾也。难将作矣！爱我者唯祝我，使我速死，无及于难，范氏之福也。"意思是说，我们国君傲慢奢侈却战胜立功，那些以德行获取胜利的人尚且害怕失掉它，更何况傲慢奢侈的人呢！国君宠幸的人太多，现在获胜归来，这种情况肯定会更加严重了。如果这样，你们的祸患就必然要发生，而且这祸患恐怕很快就轮到我头上了。凡是我的宗人、祝史，请你们为我祈祷，赶快让我死了吧，以免我遭到祸患。

上行下效令行不止

晏婴（？—前500），字仲，谥平，习惯上多称平仲，又称晏子，夷维（今山东高密）人。他是春秋后期一位重要的政治家、思想家、外交家。

春秋时期，齐国的国君齐灵公有一个独特的癖好：喜欢看妇女穿男人的衣服。他觉得女人穿上男人的衣服另有一番韵味，于是下令：内宫里所有的嫔妃侍女都要女扮男装。

没有多长时间，这种女人穿男人衣服的风气便在全国范围内流传开来。一时间，女扮男装的人与男人混杂在一起，让人们分不清谁是男、谁是女，全国上下一片混乱。灵公知道后很生气，认为这有伤风化，便命令各地官吏："凡有女扮男装的，一旦发现，一律撕裂衣服，扯断腰带。"尽管如此，这股女扮男装的风气仍然禁止不了。

一天，晏子去拜见齐灵公，齐灵公便问道："寡人已经命令各地官吏采取了严厉的措施，可是女扮男装的人还是到处可见，为什么还禁止不了呢？"

晏子回答："不知道大王见过没有，有的肉铺门口挂着牛头，案上卖的却是马肉。大王让内宫女人穿男服，却想在外面禁止女扮男装，等于是挂牛头卖马肉，怎么能禁止呢？要让下不效，首先要上不行。"

齐灵公照办了。果然，一个月后，女扮男装的风气就在全国止住了。

□故事感悟

"上有好者，下必有甚焉者矣"，凡事只有身体力行，才能令行禁止。晏子的劝谏是正确的，所以国家上下不好的风气才会止住。可见，作为领导，一定要有清醒的头脑，保持着良好的仪态以作榜样啊！

□史海撷英

晏子辞谢更宅

晏子刚开始担任宰相时，齐景公想更换晏子的住宅，说："您的住宅靠近市场，低湿狭窄，喧闹多尘，不适合居住，请让我替您换一所明亮高大的房子。"晏子辞谢说："君主的先臣我的祖父辈就住在这里。臣不足以继承先臣的业绩，这对臣已经过分了。况且臣靠近市场，早晚能得到自己所需要的东西，这是臣的利益，哪敢麻烦邻里迁居为我建房？"景公笑着说："您靠近市场，了解物品的贵贱吗？"晏子回答说："既然以它为利，岂敢不知道呢？"景公说："什么贵？什么贱？"当时齐景公滥用酷刑，经常实行割去脚的刑罚，因此有出售假脚的。所以晏子回答说："假脚贵，鞋子贱。"齐景公听后，便减轻了国家的刑罚。

春秋战国门·晏婴

周昙

正人徒以刃相危，贪利忘忠死不为。
麋鹿命悬当有处，驱车何必用奔驰。

子路临死不忘正冠

仲由(公元前542—前480),字子路,又字季路。春秋末鲁国下(今山东泗水县泉林镇卞桥,据裴骃《史记》集解引徐广《尸子》说)人。他是孔子得意门生,以政事见称,性格爽直率真,有勇力才艺,敢于批评孔子。孔子了解其为人,评价很高,认为可备大臣之数。"千乘之国,可使治其赋",并说他使自己"恶言不闻于耳"。他做事果断,信守诺言,勇于进取。曾任卫蒲邑大夫、季氏家宰,是孔子"堕三都"之举的最主要合作者之一。后为卫大夫孔悝家宰,在内讧中被杀。

公元前480年,卫太子联合孔姬,将卫国的大夫孔悝(孔姬之子)扣了起来,逼孔悝"歃血为盟",发动政变。

当时,孔子的门生子羔(高柴)与子路都是孔悝的家臣。当子羔听说主人孔悝被围困后,便从城里逃了出去。

子羔到了城外,碰巧遇见子路要进城去救孔悝。子羔就对子路说:"城门都已经关上了,快走吧,你不要自投罗网了!"

子路回答说:"我拿了孔家的俸禄,就不能贪生怕死,明知主人有难而不去救助。"

子路一口气跑到城门口，发现城门早已关闭。守城人认识子路，也让他赶快逃命去。子路大声地喊道："我最恨那些没脸没皮的人，吃了人家的饭，看见主人遇难，却只顾自己逃命。狗吃了主子的饭还知道咬贼呢，你们难道连狗都不如吗？"

谁知守城人不管子路怎样叫骂，就是不肯打开城门。

正巧这时有人要出城，城门一开，子路就挤了进去，一口气跑到孔家，只见孔悝已经被人挟在歃血盟誓台上。

子路大声喊道："我子路在这里，请大夫下来吧！"

孔悝被左右看守着，不敢言语。

子路又大喊："你们如果还不下来，我就把这台烧了！"

卫太子蒯聩一听吃了一惊，赶紧命石乞等人下去与子路搏斗。子路毫无畏惧，拔剑应战，终因寡不敌众，被石乞一戟刺透胸口，石乞还将子路的帽缨也一并砍下。

子路倒在血泊之中，发现自己帽缨已断，头盔歪戴脑后，便挣扎着说："且慢动手，正直的君子死时帽子是不能不正的，衣服也不能不整。"

于是，他竭尽全力扶正自己头上的帽子，整理好帽缨，又理了理衣服，才安然地死去了。

■故事感悟

我们敬佩子路勇武刚毅而果决，豪侠坚毅、竭诚奉献而富有正义感，但我们更敬佩的是他临死不忘衣冠礼仪的作风。这种儒雅的士大夫精神，是值得我们学习和提倡的，更为当今社会的一些没有礼仪之心的人们树立了一个鲜明的形象。

子路问"道"

有一天，孔子闲暇在家，感慨地说："铜鞮（地名）伯华如果不死，天下可能已经安定了！"

子路说："我想了解他的为人怎么样。"

孔子说："他年轻时，聪敏而好学；壮年时，勇敢而坚强；老年时，又将仁义当成自己行为的准则而待人谦恭。"

子路说："他年轻时聪敏好学是可以称道的，壮年时勇敢坚强也是可以称道的，但为什么自己行仁义，还要对人自谦呢？"

孔子说："这你就不知道了。我听说，凭多数人去攻打少数人，没有不消灭的；自身高贵，而以谦恭的态度对待卑贱的人，不会没有收获的。过去，周公旦规定治理天下的政治措施，而以谦恭的态度接待70位读书人，难道他本人是不行仁义、不懂道理吗？他是要得到这些读书人呀。行仁义、懂道理，并且能以谦恭的态度对待天下的读书人，这就是君子啊！"

齐顷公无礼引祸端

齐顷公（？—前582），姜姓，吕氏，名无野，齐惠公之子，在位17年（公元前599—前582）。公元前589年，顷公在马鞍山（山东济南西）一战大败，被晋军追逼，"三周华不注"（绕华不注山跑了三圈），差点被俘。幸得大臣逢丑父相救，二人互换衣服，佯命齐顷公到山脚华泉取水，得以逃走。后来，齐顷公变得低调内敛，周济穷人，照顾鳏寡，颇得民心。

晋国和楚国争霸多年，楚国渐渐处于上风，把原来晋国的一些附属国都拉了过去。后来楚国令尹孙叔敖和楚庄王先后去世，晋景公想恢复晋国的霸主地位。有人给他出了个主意，就是去拉拢东面的齐国和鲁国。公元前592年，晋景公派上军元帅郤克出使齐鲁。

郤克先到鲁国去，再从鲁国出发到齐国。正巧鲁国上卿季孙行父也要出使齐国，于是两人同行。走到齐国边境，又碰上来齐国出使的卫国上卿孙良夫、曹国大夫公子首。四人见面寒暄之后，便一起来到齐国拜会齐顷公。

齐顷公看见四国使者，不由低着头掩着脸痴痴笑起来。原来，

这四国使者都有点残疾：郤克有些驼背，季孙行父跛腿，孙良夫瞎了一只眼睛，公子首没有头发。齐顷公看见这样四个人并排站在下面，暗暗生出一个坏主意。下朝以后，齐顷公就去找他的母亲萧同叔子，让她第二天躲在楼台的窗帘后面看笑话。萧同叔子高兴地答应了。

第二天，齐顷公设宴招待四国使节。他故意找了一个驼背、一个瘸子、一个独眼、一个秃头，叫他们分别跟随侍奉对应的使者。宴会要开始了，只见驼背、瘸子、独眼、秃子成双成对地走进来。萧同叔子在楼上看见了，跟身边的宫女们哈哈大笑，笑声刺耳。郤克他们听见女人的笑声，再一看齐国给安排的侍从，马上就明白了。四国使臣酒也没喝完，就气呼呼地走了。

出来以后，郤克他们一打听，知道嘲笑他们的是齐国太夫人萧同叔子，心里更加气恼，觉得齐顷公太无礼。他们约定一起讨伐齐国，之后便各自回国了。郤克回国渡过黄河的时候，指着河水发誓说："如果不报这奇耻大辱，就永远不再东渡黄河。河伯为我作证吧！"

4年后，四国联合起来讨伐齐国。齐国不敌，大败，齐顷公只得讲和。这便是春秋时著名的"鞍之战"。

故事感悟

礼仪在日常生活和国家交往中有着非常重要的作用，礼仪不周到，甚至可能引发冲突和战争。"鞍之战"就是因"礼"而发生的战争。在这个简短的历史故事中，充分反映了礼仪在交往中不可忽视的作用。不知礼则必失礼，失礼者无人理，对此我们要引以为戒。

鞍之战

周定王十六年（公元前591年），晋国和卫国联合攻打齐国，最终迫使齐国与晋国结盟。为此，齐国和鲁国也因为边界的纠纷而结成世仇。十八年（公元前589年），齐国又背叛了晋国，并联合楚国进攻与晋国结盟的鲁国，还打败了援助鲁国的卫国军队。晋国见不能联合齐国，就应鲁、卫的要求，派中军元帅郤克并协同上军佐士燮与下军将栾书等，率兵车800乘及戎人步兵攻打齐国。

齐顷公闻讯后，立即东撤，晋国、鲁国和卫国的联军尾追到糜笄（机）山下。六月十七日，两军列阵于鞍（今济南西北）。齐顷公求胜心切，自恃齐军勇猛，蔑视晋军，因此马不披甲，领兵便冲向晋军。在激战中，晋军主帅郤克中箭，想要退回大营。驾车的驭者解张虽然也负伤了，但仍能坚持一手驾车一手代郤克击鼓指挥，并与车右郑丘缓协同，鼓舞晋军奋勇拼杀，终于打败了齐军。齐顷公无奈之下，引残兵而逃。联军一直尾追到齐国的首都临淄（今山东淄博东北），迫使齐国割地求和，与晋国结盟。

永初三年七月十六日之郡初发都

（东晋）谢灵运

述职期阑暑，理棹变金素。
秋岸澄夕阴，火旻团朝露。
辛苦谁为情，游子值颓暮。
爱似庄念昔，久敬曾存故。
如何怀土心，持此谢远度。

李牧愧长袖，郤克惭踸步。

良时不见遗，丑状不成恶。

曰余亦支离，依方早有慕。

生幸休明世，亲蒙英达顾。

空班赵氏璧，徒乖魏王瓠。

从来渐二纪，始得傍归路。

将穷山海迹，永绝赏心悟。

范武子教子懂礼

范武子（约公元前660—前583），祁姓，士氏，名会，字季。因封于随，称随会；封于范，又称范会；以大宗本家氏号，又为士会。春秋时期晋国大夫。范武子因迎公子雍之事流亡秦国，河曲之战中为秦国献计，成功抵御晋军。后被赵盾用计迎回晋国。邲之战中看到晋军内部不和，主张班师。荀林父死，升任执政，专务教化，使晋国之盗皆逃于秦。郤克使齐受辱，请求伐齐不得，士会担心晋国发生内乱，告老让郤克为执政。20年后，晋悼公犹修"范武子之法"。百年之后，赵武、叔向等犹追思士会，欲从之游。

春秋时期，晋国有一位中军元帅名叫范武子。他虽然身居高位，却从来不摆架子，对每个人都十分谦恭有礼。范武子不但自己注重道德修养，还经常教育自己的儿子要谦虚谨慎、宽以待人。

范武子年老辞官以后，儿子范文子便接替他在朝中的官职，可是范武子并未因此而放松对儿子的教育。

有一天，范文子回家晚了，范武子就问儿子说："是朝中出了什么事吗，回来这么晚？"

范文子带着骄傲的口气说:"今天朝中来了几个秦国的客人,他们出了一些隐晦难解的问题让我们回答,朝中那些官员都回答不上来,只有我答对了三个。"

范武子听了儿子的话,不但没有赞扬儿子,反而很生气,甚至举起手杖要打儿子。

范文子感到很莫名其妙,就问父亲为何要打自己。范武子生气地训斥儿子:"你也太自负了!你以为朝中的那些官员真的是答不上来吗?不是!那是因为他们都很有修养,是想让长辈们回答。可你居然不知道谦让,三次抢着回答!像你这样骄傲自大、没有礼貌的人,难道不该打吗?"

听了父亲的教诲,范文子心服口服。从此以后,他更加注重自己的礼貌修养。不久,晋国与齐国之间爆发了战争,范文子随军中元帅出征,大胜而归。晋国的官员、百姓都去迎接凯旋的将士,范武子也去了。

等到将士们一个个都走过去了,还不见范文子。直到队伍的最后,才看到范文子。范武子见到儿子就问:"你为何走在最后?不知道我们都在焦急地等你吗?"

"这次胜仗是元帅率兵打的,假如我走在队伍的前面,大家肯定会把目光投向我,我不抢了主帅的荣誉了吗?"范文子回答说。

听了儿子的话,范武子满意地笑了。

■故事感悟

范武子的名誉实至名归。正因为他有着一颗谦虚、礼让的心,拥有良好品德,所以才名声远扬。他教子以礼,也正是将这种传统美德发扬下去的表现。古人如此,我们当如何呢?

河曲之战

周顷王四年（公元前615年），晋国与秦国的军队在争霸过程中，于河曲（今山西芮城西风陵渡黄河转弯地区）发生了战争。

周襄王三十三年（公元前619年），秦军护送晋国公子雍回晋国继位，在令狐被晋军击败。后来，秦国和晋国在边界地区又发生了多次交战，并且互有胜负。周顷王四年冬，秦康公为洗雪令狐战败之耻，亲率大军渡河攻晋，取晋西南部边邑羁马（今山西永济西南）。晋国方面，权臣赵盾为中军元帅、荀林父为中军佐；以郤缺为上军主将、臾骈为上军佐；栾盾为下军主将、胥甲为下军佐，西进迎敌。秦、晋两军遇于河曲。晋国的上军佐臾骈认为，秦军孤军深入，经不起长期消耗，因此建议晋军高筑营垒，以逸待劳，伺机而动。最终，这个方法被赵盾采纳。

秦康公求战不得，便听从了晋国逃臣士会的意见，发兵进攻晋国的上军，诱使其部将赵穿出战。赵穿是赵盾的堂弟，年轻气盛，而且缺乏实战经验，见秦军来犯，便不顾禁令，率所部迎击。赵盾担心有闪失，便也下令全军出击。由于双方都缺乏进行决战的准备，因此两军刚一接触就各自后撤。当日夜里，臾骈发觉秦军有乘夜撤退的迹象，便建议立即发起攻击，将其压迫到黄河北岸后进行歼灭，结果又被赵穿阻止。秦军连夜退走，晋军随后也撤兵。不久，秦军再次南渡黄河，攻占了晋国的邑瑕（今河南灵宝西北）。这一战役，史称河曲之战。

韩延寿为官崇贤尚礼

韩延寿（？—前57），汉宣帝时期著名的士大夫，燕国人，父亲因反对燕王谋反被害。霍光听从魏相的劝说善待韩延寿。任职时以道义、教化为主，深受百姓爱戴。韩延寿与杨恽、盖宽饶等友好，是士大夫集团重要成员，官至左冯翊。

西汉时期，有个名叫韩延寿的人，以清正廉明而著称于世。

韩延寿为官崇尚礼义，推行教化，因此他每到　处，都会聘请当地贤士，并以礼相待，广泛地听取建议，采纳他们的批评意见。

韩延寿还修建了地方的公立学校。每年的春秋两季，都要进行古代的"乡射"之礼，用比赛射箭的办法来选拔人才。这个时候，赛场上往往陈列着钟鼓、管弦，并举行隆重的仪式；人们在上下赛场时，也都要相互作揖礼让。到每年检阅地方武装的"都试"举行时，考场上还会设置斧钺、旌旗等，命令将士们演练骑马射箭等才能。

韩延寿在修理城池或收取赋税时，也都会在事前贴出布告日期，把按期集合作为一件大事，令官吏和百姓非常敬服畏惧，奔走前往。他还在民间设置"正""伍长"等管理人员，督率百姓孝顺父母、友爱兄弟，禁止收留奸邪之人。街巷、村落之中如果有不寻常的事发生，官吏立即就会得知，所以一些奸邪小人不敢随便进入韩延寿的管辖地界。

开始时，各项事务似乎有些繁琐，但后来都感到安全便利。对待下级官吏，既施以十分深厚的恩德，又加以严格约束。如有人欺瞒、辜负韩延寿，他就痛切自责："难道我有什么事对不起他，否则他怎会如此？"属下听说后，都深自悔愧。有一位门下官吏也因此而自刎，被人救活，由此哑了不能说话。韩延寿听说这件事，对着掾史哭了，派官吏和医生探视医治，并大大地减免了他家的赋税徭役。

有一次，韩延寿准备出行。在临上车时，有一个骑马的官吏迟到了，韩延寿就下令让功曹把处罚的结果上报给他。等回来到了官府门前，有一个门卒挡住了他的车，希望韩延寿听他说说自己的心里话。韩延寿停下车问他，门卒说："今天早上您驾车出门，我等了很久您还没出来，我的父亲来到官府门前，不敢进去。我听说后，急忙出去迎接，恰好您登车出门。因为尊敬父亲而被处罚，这岂不是有损教化吗？"韩延寿在车上挥了挥手说："如果没有你，我差点不知道自己犯了大错。"回到官舍后，他就召见了门卒。门卒本来是个诸生，听说韩延寿贤明，没有途径引荐自己，因此便替人做了门卒，于是韩延寿便留用了他。

韩延寿在东郡做官3年，往往有令必行，有禁必止，使当地刑狱大为减少，成为天下治理最好的地方。

后来，韩延寿做了左冯翊，即负责管理京城的官职。虽然他已是位高权重，但仍一心想着下面的民生疾苦，因此经常到下属各县去视察。有一次，他到高陵视察时，当地有亲兄弟二人为争一块地而相持不下，告到了官府。

韩延寿闻之后，感到非常痛心，认为是自己没有做好教育工作，尤

其是没有为百姓树立好谦虚礼让的好榜样。他责备自己说："我占着国家给的官位，理应时刻自我警觉，一举一动都应该合乎礼义，做辖区百姓的表率。如今自己没能搞好教育工作，人们互相之间不知礼让和睦、相亲相爱，结果使得亲骨肉之间为了琐碎小事而打官司。这不但败坏了地方风俗，也让那些贤能的地方官员们、乡里的长辈和家庭和睦的人都因此而蒙受耻辱，这都是我的过错，应该被撤职的是我啊！"

于是从那天起，他就称病辞职，不再办理公务了，一个人住在县城的驿馆里，闭门思过。县里的人知道原因后，都十分感动。当地的官员和长老们也都感到很惭愧自责，要求上司惩罚。于是，这对打官司兄弟的族人们也纷纷责备兄弟二人，让他们深感后悔。两个人一起剪了头、光着膀子去韩延寿那里请罪，并表示愿意将田地让给对方，发誓再不相互争斗了。韩延寿听了十分高兴，便开门接见他们，并用这件事来劝诫当地人。从此，那里的民风也日益淳朴，邻里之间也都相亲相爱。

■故事感悟

韩延寿的良好品德和以礼待人的行为是有目共睹的。他推行道德教化，教以礼让，授以礼义，讲解和睦亲爱之道，"闭门思过"更是最经典之举。自己有着很好的德行，再用这种德行去感化身旁的人，让他们也处处有礼，他的形象也显得更加伟大。

■史海撷英

韩延寿之死

汉宣帝统治时期，重用皇族、外戚，排挤、打击士大夫集团。当时，韩延寿与杨恽、盖宽饶等关系友好，是士大夫集团的重要成员，官至左冯翊。不久，盖宽饶被弹劾自尽，韩延寿也在与萧望之的冲突中被控告而判了死罪。好友杨恽竭力救护未果，自己也被弹劾罢免。

五凤元年，"匈奴大乱，议者多曰'匈奴为害日久，可因其坏乱，举兵灭之。'诏遣中朝大司马车骑将军韩增、诸吏富平侯韩延寿、光禄勋杨恽、太仆戴长乐问望之计策"。此时表明汉宣帝已将御史大夫萧望之置于众卿之上了，军事决策也已经不再听从大司马韩增的意见，而是让他向萧望之问策。所以，这也可认为韩延寿和萧望之的矛盾是士大夫集团与皇族集团的矛盾。就在这一年，韩延寿被害。

郭林宗与人为善彰显礼

郭泰（128—169），字林宗，太原郡介休县（今山西介休）人。东汉著名学者、思想家及教育家，人称"有道先生"，为东汉太学生领袖。与春秋时晋国介子推以及宋朝宰相文彦博合称"介休三贤"。

郭林宗是我国东汉时期一位享有盛名的官员，曾经为朝廷选拔了许多有用的人才，因此受到了皇帝的赏识和大臣们的称赞。但他最为人所称道的，并不是为官的名声，而是他与人为善、心地仁厚的高尚品德。

郭林宗有一位同乡叫贾淑，虽然出身于仕宦人家，为人却很凶狠，邻里都厌恶他。

郭林宗的母亲去世后，贾淑赶来吊唁。过了一会儿，巨鹿人孙威直也到了。孙威直认为，像郭林宗这样贤德的人不应当接受贾淑这样的恶人，心里有些埋怨，还没进门就离开了。

郭林宗追上去向他表示歉意道："贾淑过去确实凶狠，可是现在他已洗心革面改恶从善了。孔子并不因为同乡这个地方的人难于交谈就拒绝与他们来往，因此我赞许贾淑今天的进步，而不去计较他往日的过失。如果因为一个人曾经作恶，就再也不对他加以理会和激励、劝导，那不是等于怂恿他继续作恶吗？我们都应该主动接近和帮助他才是啊！"

孙威直听了这番话，对郭林宗宽阔、仁厚的胸襟更为叹服了。他将捋胡须，低头笑了笑，拍着郭林宗的肩膀，很是赞成。贾淑听到了这番话，改过自新，终于成了一个品行高尚的人。后来，同乡有难，贾淑总是全力以赴地帮助他们，为他们排忧解难，受到同乡人的称赞。

郭林宗对不熟识的异乡人也是倾力帮助，从来不计较个人得失。

左留是陈留地方的人，曾经是郡学里的儒生，因为过失而被斥退。从此，左留对郡学里的教师以及生员都怀恨在心，认为他们有的陷害自己，有的不顾同门情谊不肯保全自己，因此总想寻找机会进行报复。

有一次，郭林宗在路上遇见左留，听说了这件事，于是专门设酒宴安慰他。

郭林宗对他说："颜涿聚曾是梁甫那儿的大盗，段干木曾是晋国的马贩子，可是后来颜涿聚求学于孔子，终于成了齐国的忠臣；段干木求学于子贡，也成了魏国有名的贤者。像蘧瑗、颜回那样品德高尚的人尚且会犯错误，何况一般的人呢？希望你千万不要恼恨，应该严格反省自己。"

左留接受了郭林宗的劝告后，若有所思地走了。

当时有人指责郭林宗不与坏人断绝往来，郭林宗回答说："对于不仁的人，痛恨他太过分了，这是有害的。我们应该给每一个人公平的改过自新的机会。"

后来左留受到奸人挑唆，邀集了一伙人想对郡学里的其他生员进行

报复。那天恰好郭林宗在郡学里，左留悔恨自己违背了对郭林宗的允诺，于是没有进行报复就离开了。

这件事让许多人知道了，那些指责过郭林宗的人都向他表示歉意，并对他的为人十分佩服。

■故事感悟

正因为郭林宗处处知礼，彰显仪态，所以赢得了美名。可见，礼貌是人类社会促进人际交往友好和谐的道德规范之一，是构建起与他人和睦相处的桥梁。它标志着一个社会的文明程度，反映一个民族的精神面貌。其中许多耐人寻味的经验之谈，无论过去和现在，都给人以启迪。郭林宗就是其中之一。

■史海撷英

郭泰归隐

郭泰自幼聪颖好学，且善于洞察世事。为官后，他深感东汉政权已经摇摇欲坠，宦官政治日趋黑暗，王朝大厦将倾，大局难以扭转。因此淡于仕途，视功名利禄如浮云一般。汉桓帝建和中，太常赵典举荐郭泰，郭泰坚决不就；永兴年间，司徒黄琼辟召，郭泰依然不就；友人们都劝他就召，郭泰却婉言谢绝，矢志"优游卒岁"，淡泊终生。

郭泰经常对那些劝他仕进和看重仕途的人说："我夜观天象，昼察人事，晓天已废，非人力所能持。"名士清廉耿介的汝南太守范滂评价郭泰的为人是"隐不违亲，贞不绝俗，天子不得臣，诸侯不得友"。同郡名士宋冲称其"自汉元以来，未见其匹"，郭泰也确实无愧斯言。

张嶷以礼治理一方

张嶷（？—255），字伯岐，巴西郡南充国（今四川南部县）人，先为马忠部属，拜为牙门将。诸葛亮南抚夷越之后，张嶷出任越嶲太守。张嶷到任，恩信并举，"和""抚"同施，蛮夷皆服。政通人和，"邦域安穆"，治理达15年之久。后因病离任，"民夷恋慕，抉毂泣涕"。后拜为荡寇将军。

张嶷是三国时蜀国人。他20岁时就做了县里的功曹，负责人事工作。刘备平定蜀中时，有一伙强盗来攻打县城，县令抛弃家眷逃跑了，而张嶷冒着生命危险，救出了县令夫人。从此，他的英雄事迹家喻户晓，州里长官为此召见他，任命他为从事史（副州长）。

自从蜀汉丞相诸葛亮讨伐高定之后，越嶲郡一个叫叟夷的部落多次叛乱，曾连续杀害当地太守。从此派往当地的太守不敢到郡上任，只是住在安定县，离郡管所在地有800多里，因而这一郡只是徒有虚名而已。后来，朝廷决议重新恢复过去的统治，任命张嶷为越嶲郡太守。

张嶷带领随从前往郡管所在地。他为人细心谨慎，注重仪德，又

十分大胆，处事得体，相信自己一定可以安抚当地人。到了所在地后，他不采取强硬措施，因为他知道这样只会激起当地人的反抗情绪，反而努力用自己的行为给百姓树立榜样，广施恩惠，处事讲求信誉，以此劝导百姓。结果不久后，当地少数民族各部落都十分敬重他，大多前来归附。各族人民团结合作，出现了前所未有的安定祥和景象。

当时，越嶲郡的北部边境上居住着一支少数民族，叫做捉马。他们个个勇猛剽悍，当地人都害怕他们。他们也因此不服从官府的法令，不时惹是生非。张嶷只好带兵前去讨伐，很快就活捉了他们的头领魏狼。为了长久的和平，张嶷又将魏狼释放了，并且当众警告了他。张嶷的宽大让魏狼十分感动，回去后就开始聚集族人，决定遵守太守的法令，与其他部落和平相处。张嶷就上表朝廷，请求皇上任命魏狼为县令，让他的族人大约3000余户都在那里定居下来，各司其职，安居乐业。其他部落知道后，都纷纷前来归降，服从政府领导。越嶲郡又恢复了和平安定的局面。

后来，张嶷因为自己的功劳被封作关内侯。他在越嶲郡15年，使得那里秩序井然，百姓生活安定，一片繁荣景象。后来他多次请求告老还乡，朝廷终于准许他回去，但当地各族人民舍不得让他走，送他的时候，都扶着车轮大哭，一直追随他到达蜀郡。有100多个部落首领随他上朝拜见蜀汉国王。

■故事感悟

张嶷注重礼仪，所以无论他走到哪里，都会得到人们的尊敬。毫无疑问，传统礼仪文明对我国社会历史发展产生积极影响。一般说来，社会上讲文明礼貌的人越多，这个社会越和谐、安定。

张嶷治理南中

在南中，旄牛道是由成都经旄牛县至邛都的官道。"旄牛"系古羌族的一支，汉时称"旄牛夷"，汉武帝开其地为旄牛县（今四川汉源），蜀汉因之。旄牛道甚古，在西汉时已成官道。《史记·司马相如列传》所说"通零关道，桥孙水以通邛都"，说的就是旄牛道。零关又称灵关，在汉源县清溪峡口，孙水即安宁河。东汉后期以来，"旄牛夷"与政府关系紧张，旄牛道已百余年不能通行。《蜀志·张嶷传》称："郡有旧道，经旄牛中至成都，既平且近；自旄牛绝道，已百余年，更由安上，既险且远。"所以，自越嶲郡日渐安定后，政府重新开通旄牛道，也就成了刻不容缓的大事。

张嶷为重新开通旄牛道付出了艰辛的努力。他采用"和抚"政策，先是派遣使者按当地习俗带着货币去邀请旄牛夷帅狼路，又请狼路的姑母去向狼路晓以利害，终于做通了狼路的思想工作，开通了旄牛道，修复了邮亭、驿站，加深了蜀汉政权与西南少数民族地区的联系；也方便了商旅的往来，深受当地人民的欢迎。

欧阳修才高自谦虚

欧阳修（1007—1072），字永叔，号醉翁、六一居士，吉州庐陵永丰（今江西省吉安市永丰县）人，北宋文学家、史学家。天圣进士，累官知制诰、翰林学士、枢密副使、参知政事。他是北宋古文运动的领袖。他的散文说理畅达，抒情委婉，为"唐宋八大家"之一。他的诗风与其散文近似，语言流畅自然，其词深婉清丽。他著有《欧阳文忠公集》，词集有《六一词》《近体乐府》及《醉翁琴趣外编》。

欧阳修是北宋古文运动的领袖，又是大史学家。就是这样一位著名的学者，却给后人留下了许多虚心自谦的故事。

有一年，欧阳修的一位好友钱惟演在镇守洛阳时建造了一座驿舍。驿舍落成后的一天，钱惟演邀请好友欧阳修、谢希深、尹师鲁三人为驿舍撰写一篇记文。

这三个文人中，当时还顶属欧阳修的才华最出众，名气最大，但欧阳修感到谢希深、尹师鲁写文章一定有值得自己借鉴的长处。孔子说过，"三人行，必有吾师"，于是，欧阳修决心抓住这个有利机会去取别人之长来补己之短。

三个文人苦思冥想，终于各成一篇记文，欧阳修主动拿自己的文章与两位好友的文章交流、比较着。谢希深的记文写了700字；欧阳修用500字写成；尹师鲁写得更短，全文才380多字，叙事清晰，结构谨严，遣词造句恰到好处。

"写得好，写得好！"欧阳修拜读尹师鲁的文章，赞不绝口。他心悦诚服，甘拜下风。

晚饭后，欧阳修提着酒壶，诚恳地向尹师鲁讨教。尹师鲁被欧阳修那种虚心好学的精神深深感动，也就打消了种种顾虑，与欧阳修探讨起写文章的技巧来。他说："作文最忌格弱字冗，你的文章不错，可就是文字欠简练。"

两位挚友一边饮酒，一边谈论，谈得非常投机，滔滔不绝，直到一轮红日东升，方尽兴而归。欧阳修便按好友讲述的重新撰文，改过的文章更完善、精粹，较尹师鲁的还少了20个字，真是更上一层楼。

事后，尹师鲁赞扬他说："欧阳修进步真快，真是一日千里啊！"这是欧阳修虚心自谦的第一个小故事。

欧阳修曾与翰林学士宋祁合修《新唐书》，却不全署名，表现了谦让的美德，深受人们的称赞。

宋祁也是北宋时期的一个文人。当时的皇帝宋仁宗命翰林学士宋祁修撰《新唐书》。宋祁用了十几年时间，刻意求精，把该书的主要部分《列传》编写完了。

这时，为了加快速度，皇帝又命欧阳修参加修撰，负责《纪》《志》的编写工作。书成之后，宋仁宗感到全书体例及行文风格不一，要欧阳修从头润色。

欧阳修把《列传书》部分认真读过之后，感到写得很好，有独到之

处。自己对唐代一些人物的看法虽和宋祁不同，但不能妄加修改，强加于人。

于是，他奏明仁宗皇帝，决定一字不改。按照北宋惯例，史书修成后，不论多少人参加编写，只署官位最高的名字。欧阳修当时是宋朝的参知政事，比宋祁的官位大得多，当然该在全部书上署他的名字了。

但欧阳修觉得自己只参加了一部分工作，书的大部分是由宋祁写的，便只在《纪》《传》两部分署了自己的名字。他打破了惯例，不全署名。这种礼让的美德，让世人称赞。

还有一个小故事也反映了欧阳修虚心礼让的优秀品格。

有一年，欧阳修得到一幅古画，画的是一丛牡丹花，花下卧着一只小猫。他觉得这画很好看，就挂在了客厅里。

一天，当朝丞相吴正肃来家做客，欧阳修便在客厅里作陪。吴正肃看到这幅古画，连连夸赞画得好。

欧阳修自以为应该谦虚一下，便说："还过得去吧，也不见得十分精彩。"

"怎么不精彩？"吴丞相认真起来。

"你看，这花的颜色并不水灵，如果画些露珠儿上去，岂不更好？"欧阳修信口搭言。

吴丞相立刻站起身，指着画说："老弟，你错了！这里画的是正午牡丹，怎么可能有露珠呢？你瞧，花瓣是张开的，花的颜色有些发干，正是阳光强烈照射的结果。还有，你注意到这只小猫了吗？"

"猫又有什么说道？"

"如果是早晨的牡丹，应是花苞未开，伴有露水，而且猫眼的瞳孔是圆的。而现在，猫眼的瞳孔眯成一条线，完全是正午的特征。"

欧阳修连连称是。他暗想：我虽然得了此画，却不晓得其中奥妙，真是无知。他叹了一口气，对吴正肃说："看来我们这些舞文弄墨的人，真得好好向实践学习，否则尽管文章写得多，也不会有生命力的！"

欧阳修到了晚年已经名震四海，但他仍把以前所写的文章拿出来反复斟酌，逐字逐句地修改。

他的妻子劝他说："何必自讨苦吃呢！你这么大年纪了，难道还怕先生责怪吗？"

他笑着回答："如今不是怕先生责怪，而是怕后生笑话。"

■故事感悟

谦虚礼貌，懂得自知之明，也是礼仪的一种表现。欧阳修不论对待给自己指错的人，还是对待后生，都处处彰显着良好的仪德，所以他的成就才达到了前所未有的高度。在平时的生活中，我们也要记得处处显礼、时时谦让，这样，我们的精神生活才会丰盈，社会才会更加和谐！

■史海撷英

欧阳修创立应用文概念

欧阳修在其《辞副枢密与两府书》中称，嘉祐五年（1060年）十一月，奉制命授枢密副使，"学为应用之文"。这里的应用文指的是公文文体。他在同一年的《免进五代史状》中，曾自述为得功各事无用之时文，得功名后，"不忍忘其素习，时有妄作，皆应用文字"。"文字"也就是文章，这里的应用文其实指的就是实用文章。可见，欧阳修是从文体形式、实用性质两方面来明确应用文的概念的，他已将应用文当作独立的文章体裁来看待了。